환상 너머의 통일

남북한에 전하는 동서독 통일 이야기

글·사진 이대희, 이재호

숨쉬는
책공장

환상 너머의 통일

— 남북한에 전하는 동서독 통일 이야기

© 이대희, 이재호 2019

발행일 1쇄 2019년 10월 2일
        2쇄 2021년 2월 15일
글·사진 이대희, 이재호
편집 김유민
디자인 이진미
펴낸이 김경미
펴낸곳 숨쉬는책공장
등록번호 제2018-000085호
주소 서울시 은평구 갈현로25길 5-10 A동 201호(03324)
전화 070-8833-3170 팩스 02-3144-3109
전자우편 sumbook2014@gmail.com
페이스북 / soombook2014 트위터 @soombook

값 15,500원 | ISBN 979-11-86452-48-6
잘못된 책은 구입한 서점에서 바꿔 드립니다.
이 도서의 국립중앙도서관 출판예정도서목록(CIP)은
서지정보유통지원시스템 홈페이지(http://seoji.nl.go.kr)와
국가자료종합목록 구축시스템(http://kolis-net.nl.go.kr)에서
이용하실 수 있습니다. (CIP제어번호 : CIP2019035716)

본문용 서체는 정인자(서체디자이너 안삼열),
제목용 서체는 초설(서체디자이너 채희준)을 사용했습니다.

환상 너머의 통일

남북한에 전하는 동서독 통일 이야기

글·사진 이대희, 이재호

BERLINER MAUER 1961 - 1989

숨쉬는
책공장

들어가며

2019년 11월 9일은 동서 냉전의 상징이었던 베를린 장벽 붕괴 30주년이다. 30년 전 이날로부터 약 1년 후인 1990년 10월 3일 독일 재통일이 완료됐다.

　우리는 같은 말을 쓰는 사람들의 결합은 상대적으로 쉬우리라 생각한다. 남북 합작 사업이 거론될 때마다 이 같은 신화를 자주 목격한다. 언어가 통하니 남북 교류도 더 쉽지 않겠느냐는 생각은 어찌 보면 타당해 보이지만, 실은 완전한 허구다. 언어는 사람이 그가 속한 사회의 문화적, 경제적, 정치적 생애 경험을 바탕으로 뱉어 내는 정체성의 총집합체다. 남북이 비무장지대를 중심으로 섬처럼 갈라졌듯, 동서 독일 역시 완전히 이질적인 체제를 40여 년 간 따로 유지한 후 갑작스레 하나가 됐다. 긴 시간 다른 경험을 각자 축적한 동서 독일인의 언어가 쉽게 통했을 리 만무하다. 둘의 발성 언어, 행동 언어, 문화 언어가 달랐으니 통일 사회로 나아가기란 결코 쉽지 않았다. 동서 독일인은 무너진 장벽을 물밀 듯 넘어선 사람의 파도처럼 강력했던 체제 통합의 후유증을 긴 시간 동안 견뎌야 했다.

파도의 방향은 일방적이었다. 서독 위주의 흡수 통일은 특히 구 동독인에게 가혹했다. 작게는 신호등 체계에서부터 크게는 사고방식까지, 구 동독인은 삶의 모든 방법론을 하루아침에 서독식으로 바꿔야 했다. 자본주의적 생활이라는 전혀 새로운 삶의 방식을 그들은 강요당했다. 그들은 이제 서독 사람처럼 자신의 '경쟁력'을 끌어올려야 했다. 경쟁력이 부족한 이는 곧바로 도태됐다. 당이 보장해 주던 주거, 직업 안전망은 사라졌다. 숱한 이가 길바닥에 나앉아 '오씨(Ossi, 게으른 동쪽 놈)'가 됐다. 어렵사리 일자리를 지켜 낸 이들은 서쪽에서 건너온 '베씨(Wessi, 거만한 서독 놈)'가 바로 어제까지 함께 일했던 '나태한' 이웃인 기존 상사의 자리를 꿰차고, 성과와 구조조정을 강요하는 달라진 업무 환경에서 버텨야만 했다.

아무리 통일 정부가 동서독 격차 해소를 위한 정책을 편들, 사람과 사람 사이에서 일어나는 모든 갈등과 차이를 없애 주진 못한다. '이등 국민'으로 전락해 버렸다는 구 동독인의 상실감, 동서독 체제 격차에 따라 어쩔 수 없이 생긴 동서독인 사고방식 차이로 인한 골은 아주 긴 시간 동안 천천히 메워지는 중이다. 바꿔 말하자면, 아직 독일 재통일은 완성되지 않았다.

<프레시안>의 기자 2명으로 구성된 필자들은 2018년 9월 7일

부터 20일까지 약 2주간 독일을 둘러봤다. 정확히는 구 동독 지역, 즉 신연방주를 집중적으로 돌아다녔다. 독일의 짧은 여름이 끝나고 가을이 시작되는 시간이었다. 아직은 긴 낮의 시간에 감사하며, 우리는 라이프치히 — 예나 — 베를린 — 드레스덴 — 켐니츠 — 프랑크푸르트로 이어지는 일정을 소화해 나갔다. 분단 시절 독일을 기억하는 이들을 만나 지금도 남은 격차의 골을 새삼 재확인했다. 인터뷰이를 만나러 이동하는 시간에도 우리는 되도록 현지인들의 일상을 더 자세히 눈에 담으려 노력했다. 우리의 짧은 취재만으로 정형화한 결론을 내려서는 안 되겠으나, 그곳에서 만난 여러 사람들의 이야기는 아직 분단 체제를 살아가는 한국에 시사하는 바가 적잖았다. 우리가 독일에서 확인한 이야기를 한반도로 가져온다면, 그 시사점은 아마도 '한반도 통일은 남북이 대등한 입장에서, 긴 호흡으로 추구하는 평화 체제의 결과'여야 하며 '결코 통일이 성급한 목표가 되어서는 안 되지만', 그럼에도 '통일을 위한 노력을 포기해서도 안 된다'는 말로 요약할 수 있을 것이다.

독일 취재를 통해 우리는 새삼 독일 재통일 역사를 서독 위주의 일방적 서사로만 이해해 왔음을 실감했다. 독일 재통일사에 큰 관심을 갖지 않은 이라면 대략 "1989년 11월 9일 베를린 장벽이 무너지고 동서독이 하나로 통일됐다. 독일은 급박했던 재통일의 비용을 치르느라 한때 '유럽의 병자'라는 비아냥을 들을 정도로 고생했지만, 오랜 시간이 지나 결국 탄탄한 통일 국가로 다시 섰다"는 정도의 서사를 알 것이다. 그러나 우리가 군부 독재와 싸

우던 시기, 동독에서도 많은 이들이 민주화를 위해 들고 일어났고 동독 정부는 시민의 민주화 압력에 무릎을 꿇었다는 이야기, 베를린 장벽이 무너지지 않았다면 민주 동독이 민주 서독과 동등한 입장에서 재통일을 준비할 수도 있었으리라는 이야기에 관심을 기울인 이는 많지 않을 것이다. 이는 우리가 북한 역시 일방적 한국의 눈에서 벗어나 조금 더 넓은 안목으로 재인식할 필요가 있음을 간접적으로 알려 주는 서사다.

다른 체제는 다른 사람을 만든다

오늘날 북한을 우리의 이웃으로 진지하게 생각하는 이가 얼마나 될까. 오늘날 청년 세대 중 일본인, 미국인, 유럽인보다 북한 사람을 더 가깝게 생각하는 이가 얼마나 될까. 북한에는 이제야 자본주의 체제가 이식되고 있다. 자생적으로 피어난 '장마당 자본주의'다. 북한은 세계와 단절되어 있다. 민주정과 거리가 먼 독재 체제다. 한국은 신자유주의 체제의 최선봉에 선 나라다. 수출 의존도가 매우 큰, 다시 말해 세계 경제에 밀접하게 접목된 나라다. 시민의 힘으로 독재 정권을 몰아낸 경험을 한 민주주의 국가다. 이처럼 이질적인 두 체제가 70년 이상 교류 없이 평행선만 그리며 이어졌다. 우리가 남북 교류를 위해 준비해야 할 건, 화성인과 금성인의 만남이다.

때로는 나무 한 그루 한 그루를 살펴야 숲이 살아난다. 정부가 숲을 조성하지만, 나무를 건강하게 자라게끔 하는 힘은 시민 사회로부터 나온다. 우리는 앞으로 지켜볼 독일의 사례에서, '민족 통일의 당위론'식의 거대 담론만 늘어놓다 놓친 세밀한 이야기들이 결국 커져서 새로운 갈등의 씨앗이 될 수 있음을 확인했다 (오직 북한을 적으로만 바라보는 시각으로는 어떠한 변화도 일어나지 않음은 굳이 부연하지 않아도 될 것이다). 친구 사이에서, 연인 사이에서 작은 갈등이 큰 싸움으로 벌어지는 것과 같다. 한국 사회는 이에 관한 대비가 전혀 되지 않았음을 독일을 둘러보며 확인했다.

이 책은 필자들이 독일 현지 취재 경험을 <프레시안>에 정리한 기획 연재물 '장벽 너머 사람들을 만나다'의 내용을 토대로 한다. 연재 원고를 책 출판물 형태에 맞게 편집했다. 일부 내용은 덜어 내거나 추가했고, 문장은 책 읽기에 적합하다 생각하는 형태로 상당 부분 뜯어고쳤다. 인터뷰 형식의 글은 모두 서술형으로 다시 풀어 썼다. 다만 인터뷰이의 생각 중 특히 중요하다 싶은 부분은 인용문으로 고스란히 옮겼다.

필자들은 학자가 아니다. 독일 통일 전문가 집단이 아니고, 한반도 문제 전문가도 아니다. 필자들은 그저 현지에서 만난 사람들의 이야기를 정리하고, 그들의 말과 독일 재통일사를 엮었을 뿐이다. 그러나 그들의 삶을 통해 옛 동독에서, 통일 독일에서 한국의 과거사를, 북한의 오늘을, 평화로운 공존이 보장되는 미래 한반도를 독자가 상상할 수 있으리라 생각했다. 이들의 삶을 거울로 삼아, 다가올 남북 교류의 시간에 우리가 각자 어떤 준비를 해야 하는지를 독자가 나름대로 생각해 볼 수 있기를 바란다. 책을 덮은 이의 머릿속에 여러 생각이 떠오르지 않는다면, 그건 전적으로 필자들의 부족함 때문일 것이다.

   숨쉬는책공장 편집 및 디자인팀, 박세열 편집국장을 비롯한 프레시안 협동조합 임직원 조합원들의 도움이 없었다면 이 책은 나오지 못했을 것이다. 특히 프레시안 협동조합 정지은 대리의 관리(!)와 설명이 아니었다면, 세상 물정 모르는 취재팀의 독일 방문은 불가능했을 것이다. 독일 현지 취재를 도와준 조경혜, 추영롱, 한정화, 박영철 님과 뤼디거 프랑크 교수와의 인터뷰에 도움을 준 이지인 님의 통역 덕분에 독일인들의 귀중한 이야기를 한글로 풀어낼 수 있었다. 이동기 강릉원주대 교수는 취재의 큰 줄기를 잡아 줬다. 정욱식 평화네트워크 대표와 김민지 님, 조성복 박사와 김영미 박사, 권남표 님과 조정훈 님이 중요 인터뷰이들과 필자들을 연결해 주었다. 정범구 주독 한국 대사와 권세훈 한국문화원장, 이동준 님을 비롯한 주독 한국 대사관 식구들의 도움 덕분에 필자들은 독일 정치권이 한국을 바라보는 시선을 간접적으로 확인할 수 있었다. 칼 자이스 코리아의 안승덕 차장은 이 회사 역사를 공부하는 데 큰 도움을 줬다. 책을 통해 모든 분들께 감사 말씀을 드린다.

1장

◆

세대별 통일 이야기

BERLINER MAUER 1961 - 1989

베를린 장벽 붕괴와 독일 재통일은 거대한 사건이다. 소비하고 마는
사건이 아니라, 수천만 명의 삶에 직접 영향을 미치는 대사건이다.
이 사건을 언제 겪었느냐가 그 사람의 인생 항로를 결정할 수 있다.
재통일 당시 갓난아이였다면? 재통일은 삶에 직접적인 영향력을
행사하진 않았을 것이다. 당시 장년 노동자였다면 얘기가 달라진다.
동독 출신이었다면 실업자가 됐을 가능성이 크다. 필자들이
재통일을 세대 경험으로 접근하고자 한 이유다.

필자들은 독일 예나(Jena)에서 일가족을 인터뷰할 기회를 얻었다.
재통일 당시 장년이었던 이와 청소년이었던 이들을 한 번에 여럿
인터뷰하는 중요한 기회였다. 이들의 세대 경험을 통해 재통일이
각 나이대의 사람에게 어떤 영향을 주었는가를 확인해 보는 한편,
세대를 가리지 않는 공통의 증언을 찾고자 했다. 재통일을 새롭게
인식하는 젊은 세대를 만날 기회도 있었다. 지금 30대가 주축이 되는
독일의 '제3세대'의 세대 경험을 이야기하는 단체의 설립자와
진행한 인터뷰도 정리했다.

(인터뷰이)
- 크리스티안 플뤼겔(Christian Flügel, 1948년생, 카린의 남편)
- 카린 플뤼겔(Karin Flügel, 1950년생, 크리스티안의 아내)
- 이바 마리아 베어톨트(Eva Maria Berthold, 1953년생, 플뤼겔 부부의 지인)
- 요하네스 빈클러(Johannes Winkler, 1965년생, 세바스티안의 매제)
- 세바스티안 플뤼겔(Sebastian Flügel, 1973년생, 플뤼겔 부부의 둘째 아들)
- 카를 에릭 다움(Carl Erik Daum, 1978년생, 세바스티안의 친구)
- 유디트 앤더스(Judith Enders, 1976년생, 세제곱관점 창립자)

1

예나 플뤼겔 가족과 베어톨트 씨 이야기

동독은 통일을 바라지 않았다

예나(Jena)는 신연방주(옛 동독. 재통일 시 독일연방공화국에 새로 가입한 5개주)의 하나인 튀링엔(Thüringen) 주의 인구 11만 명 규모 중소 도시다. 세계적 광학 기업인 칼 자이스(Carl Zeiss)의 의료장비사업부와 천문장비사업부가 이 도시에 있다. 칼 자이스의 기업 철학을 다진 경영인이자 과학자인 에른스트 아베가 교수로 머물렀고, 카를 마르크스가 철학박사 학위를 받은 곳인 프리드리히 실러 대학도 유명하다. 신연방주 대부분이 침체의 늪에서 지금도 헤매지만, 예나의 인구는 꾸준히 늘어나고 있다. 오랫동안 이어진 산학 협동 체제가 안착한 덕분이다. 이 때문에 주거비용이 계속해서 오르는, 신연방주에서는 찾기 힘든 모습의 도시다. 다른 신연방주 도시는? 대체로 예나와 반대 상황이라고 보면 된다. 줄어드는 인구, 고령화, 저소득, 실업이 키워드다.

크리스티안 플뤼겔-카린 플뤼겔 부부와 이바 마리아 베어톨트 씨를 만났다. 이들은 아동기에 동독 체제의 전성기를 통과했고, 청년기에 동독 체제에 적응했으며, 중년이 되어서는 동독 민주화 운동과 독일 재통일을 경험했다. 그리고 성공적으로 새로운 사회에 안착했다. 플뤼겔 부부는 평생을 지낸 자택에 거주하는 자녀 부부와 교류하면서 편안한 노후를 보내고 있다. 베어톨트 씨도 안정된 직업을 가진 자녀 부부를 가끔 만나며 큰 문제없는 노년기를 보내고 있다. 하지만 옛 시절은 결코 쉽지 않았다.

자유가 중요했다

고등학교 졸업 파티에서 만난 플뤼겔 부부는 1971년에 결혼했다. 그리고 첫아이를 바로 얻었다. 크리스티안 씨는 측량기 설계사로, 기계 설계사로 직업을 바꿔 가며 일할 때였다. 동독인은 부분적으로 일자리 선택에서 자유를 누렸다. 일자리가 마음에 들지 않는다면 퇴사 후 곧 국가였던 집권당인 동독사회주의통일당(Sozialistische Einheitspartei Deutschlands, SED)에 다른 일자리를 알선해 줄 것을 요청할 권리가 있었다. 상대적으로 북한 사람에 비해 직업 선택의 자유를 누린 셈이다. 하지만 대학 진학과 같은 진로 선택 과정에는 당의 입김이 반영됐고, 부모의 출신 성분 역시 일자리 선택에 영향을 미쳤다. 일당 독재 체제였던 동독의 인민이 가진 일자리 선택권이 민주주의 국가 인민의 그것만큼 컸다고 말하기는 무리다.

카린 씨는 육아를 위해 잠시 일을 쉬었다. 쉬다 보니 시간이 흘렀다. 카린 씨가 다시 회계업무자로서 노동 현장에 나간 건 결혼 14년째였다. 지속적인 인구 유출로 인해 여성 노동력이 절실히 필요했던 동독 사회에서 여성이 이처럼 오래 집에 머무른 건 흔치 않은 사례다. 이들 부부의 사고방식이 남들과 달랐기 때문이다. 독실한 기독교 신자였던 이들은 동독 정부에 아이를 맡기길 원하지 않았다.

유럽 사회에서 기독교는 근본 문화이자 삶의 방식이다. 제아무리 당이라도, 유물론 국가가 되었다고 해서 이를 단숨에 탄압할 수는 없었다. 유일한 스탈린식 영도 체제만을 원한 당에 교회는 껄끄러운 존재였다. SED는 교회를 꾸준히 감시했다. 그럼에도 교회는 동독이 무너질 때까지 동독 내 저항 세력의 기반이 되었다. 동독과 북한의 다른 점이 이 대목에서 발견된다. 북한에는 독재 체제에 저항할 구심점이 없다.

플뤼겔 부부의 자녀는 아비투어(Abitur, 대학입시자격시험)를 보지 못했다. 부부가 기독교 신자였고, 당에 적극적으로 협조하지 않았기 때문이다. 부부의 큰아들은 반에서 1등을 도맡을 정도로 공부를 잘했지만, 소용이 없었다. 동독의 교육 체제에 관한 더 자세한 증언은 플뤼겔 부부의 자녀 세대 이야기에서 다룰 예정이다.

부부는 자녀가 대학을 졸업한 엘리트가 되기를 원했다. 1987년, 부부는 당시 에리히 호네커(Erich Honecker) 국가평의회 서기장에게 탄원서를 써 자녀의 아비투어 응시를 허락해 달라고 요청했다. 평범한 인민이 독재 국가 원수에게 탄원서를 쓴다니! 조금 이상해 보일지 모르겠으나, 엄밀히 말해 이들이 쓴 편지는 '에리히 호네커로 상징되는 당국 담당자 앞으로 쓴 편지'다. 형식적으로 동독은 민주주의 국가였다. 온 인민이 국가의 주인이며, 따라서 인민은 누구나 원하는 바를 당에 요청할 수 있다고 선전됐다. 물론 부부의 편지는 이 '형식'이 존재함을 입증하는 증거였을 뿐이다. 일은 뜻한 대로 풀리지 않았다. 자녀는 자신들처럼 노동자의 삶에 만족해야만 했다. 선택의 자유란 없었다. 그간 큰 불만 없이 살던 부부는 자녀의 진학 문제를 경험하며 닫힌 체제의 문제점을 절감했다.

베어톨트 씨도 체계화된 억압에 신음했다. 베어톨트 씨는 동독 유일의 공보험 회사에서 일했다. 요즘 우리식으로 말하자면 잘나가는 공기업 직원이었다. SED 당원 가입 압력이 회사에서 내려왔다. 회사 내에는 당연히 슈타지(STASI, 동독 국가보안부. 동독의 방첩기관이지만, 소련의 KGB처럼 사실상 시민 감시 역할을 담당했다)와 연결된 인사가 있었다. 당시 동독의 중요 기관에는 어김없이 슈타지가 위장 근무했거나, 슈타지의 첩보원이 상존했다. 베어톨트 씨는 체제에 조용히 저항하는 사람이었다. 당원 가입을 거부해서 여러 차례 추궁을 당했다.

그사이 아이는 둘로 늘어났다. 회사를 옮겨야 했다. 보험사는 하루 8시간 근무를 요구했다. 젊은 나이였지만 자녀와 긴 시간을 보내고 싶어 하던 베어톨트 씨로서는 감당하기 어려웠다. 하루 6시간으로 노동시간을 줄이려니 이직하는 수밖에 없었다. 시청 공공 교통관리부로 이직해 대중교통 계획을 짜는 업무를 했다. 당시 일자리는 찾기 쉬웠다. 사람이 모자라기도 했다. 공산주의 국가에서 노동은 노동자의 권리이자 의무라는 점이 더 중요했다. 당은 없는 일자리라도 만들어야 했다.

이 두 가족에서 공통점이 하나 발견된다. 결혼을 일찍 했고, 아이를 일찍 낳았다는 점이다. 플뤼겔 부부는 각각 스물세 살, 스물한 살에 결혼해 바로 아이를 가졌다. 베어톨트 씨는 스무 살인 1973년에 결혼했다. 옛 시절의 관습이었다고 치부하고 넘어갈 수 있겠으나, 동독 체제 나름의 이유가 있었다.

"그때는 다 결혼을 일찍 했어요. 나이 스물에 아이를 가진 사람이 흔했지요. 동독에서 집은 당국이 모든 인민에게 지급하는 의무의 대상이었고, 사적 거래물이 아니었습니다. 다만 당이 무조건 집을 준 건 아니에요. 결혼을 해야 집을 주고, 아이가 많아야 더 큰 집을 줬죠. 그러니 젊은 사람은 집을 얻기 위해 결혼을 일찍 할수밖에 없었어요. 여자는 출산 몇 주가 지나면 바로 아이를 탁아소에 맡기고 다시 일터로 나갔어요."(베어톨트)

아이가 늘어나자 베어톨트 씨는 문제에 부딪혔다. 예나에는 오랜 역사를 지닌 칼 자이스 (당시) 본사가 위치했다. 동독 전역에서 노동자가 모여들었다. 10만여 명 규모의 이 도시가 동독 말기에는 6만여 명의 칼 자이스 노동자를 품었다(이들 중 약 5만여 명이 재통일 직후 일자리를 잃었다). 체제가 한계에 다다르자 집 공급이 제때 이뤄지지 않았다. 아이가 많아도 방 2개짜리 집을 얻는 것조차 힘들어졌다. 동독 젊은이가 일찍 결혼한 이유, 일찍 아이를 낳은 이유가 집을 얻기 위해서였는데 당은 기본적 의무마저 이행하지 못했다.

시민 혁명

베어톨트 씨는 체제가 무너지리라 예감하기 시작했다. 실은 둘째를 얻기 전, 1981년에 한 아이를 더 얻었다. 하지만 출산 닷새 만에 아이가 사망했다. 아이의 기형이 원인이었다. 영양 결핍 문제도 있지 않았나 싶었다. 임신 시절 음식 배급에 차질이 생기기 시작했다. 빵이나 버터를 얻기도 점차 힘들어졌다. 집 문제가 생기고 배가 고파지니 참았던 사람들의 불만이 터져 나오기 시작했다.

"체제가 한계에 달했으니 사람을 계속 억누를 수는 없잖아요. 옛날에는 서독으로 이주를 요구하는 이들 중 정년퇴직한 노인만 이주를 허락했어요. 그런데 서서히 나이 제한이 풀리더라고요. 서독을 오가는 기준도 조금씩 완화됐고요. 서독에 가서 잘사는 친척을 만나 선물이라도 얻어 오면 사람들 기분이 풀리지 않겠느냐고 당국이 생각한 것 같아요. 물론 오산이죠."(베어톨트)

그것만으로는 부족했다. 시민은 완전한 자유를 원했다. 1980년대 초부터 시작된 시민 저항은 1989년 9월 25일, 마침내 라이프치히(Leipzig) 니콜라이 교회(Nikolaikirche)를 중심으로 시민 8,000여 명이 집결한 역사적 민주화 운동 '월요 시위'로 폭발했

베를린 슈타지 박물관에 보관된
1982년 예나의 평화 시위 모습.

반독재 평화 시위가 열린
예나의 성 미카엘 교회 앞 광장.

다. 한 달 후 시위 인원은 7만여 명으로 불어났다. 실질적인 독일 재통일의 시작이었다. 반체제 집회가 동독 전역에 들불처럼 번져 나갔다. 예나에서도 성 미카엘 교회(Stadtkirche Sankt Michael) 앞 광장에서 민주화를 요구하는 시위가 이어졌다. 사람들이 팔을 교차해 원을 빙 둘러 선 채 조용히 침묵하는 시위였다. 플뤼겔 부부도 시위에 참석했다.

흔히 한국에서는 동서독 통일을 '독일 통일'로 표기하지만, 엄밀히 말해 이는 잘못됐다. 독일에서 동서독 통일은 '재통일 (Wiedervereinigung)'로 표기한다. '독일 통일'은 프로이센 제국에 의한 1871년의 독일 제국(제2제국) 성립을 뜻한다. 독일 재통일을 시간순으로 정리할 때, 서독의 동방 정책만큼 중요하게 거론해야 할 사건이 동독 라이프치히에서 시작된 민주화 운동이다. 동방 정책이 행정부 차원에서 주도한 움직임이며, 이념 대결의 승리자였던 서독이 주도한 정책인 데 반해 동독 민주화 운동은 인민 스스로 민주주의와 자유 여행을 요구하며 들고 일어난 운동이라는 점에서 특히 중요하다. 한국이 반독재 투쟁으로 민주 정권을 쟁취하던 때에 동독에서도 민주화 운동이 일어난 것이다.

당시 동독 인민이 시위에서 주로 쓴 구호가 "우리가 인민이다(Wir sind das volk)"라는 말이다. 비록 이 구호가 최근 독일 극우의 인종차별 집회에 다시 쓰여 그 의미가 퇴색한 감은 있지만, 동독 민주화 운동 당시에는 중요한 상징이었다.

민주화 운동은 실제 결실도 낳았다. SED는 독재를 포기하고 자유선거를 받아들이는 한편, 민주화 운동 대표자들과 함께 새 동독 헌법 개정 논의를 위한 시민회의기구 창설안도 받아들였다. 시민의 힘으로 새로운 민주 국가 동독이 만들어질 역사적 순간이 코앞이었다. 하지만 1990년 5월 18일 동서 마르크화 통합이 이뤄짐에 따라 사실상 동서독은 하나가 되고, '민주 동독'을 꿈꾸던 이들은 도둑처럼 찾아온 통일 독일에 적응해야만 했다. 플뤼겔 부부는 예나 민주화 운동 당시의 일을 잘 기억하고 있었다.

"예나에도 슈타지 근무처가 있었어요. 교회에서 예배를 볼 때도 슈타지의 비밀정보원이 참석한다는 걸 모두가 알았지요. 그들은 다 녹음기를 들고 다녔어요. 항상 당국이 감시하니까, 솔직히 말해 전 시위에 나갈 때 조금 무서웠어요."(크리스티안)

"이 사람은 무서웠다는데, 전 안 무서웠어요.(웃음) 성
미카엘 교회 앞에 조그마한 광장이 있는데, 거기가
시 중심가입니다. 사람들이 거기 둘러서서 손잡고
원을 만든 게 다예요. 플래카드 같은 걸 들고 있지
도 않았어요. 주로 사람들이 이야기를 많이 나눴지요.
무서워할 이유가 없었죠. 한번은 (당시 국영기업화한) 칼 자이스의 (당국
이 임명한) 사장이 집회에 나와서 동독 정부를 지지하는 발언을 했어
요. 사람들이 다 거짓말쟁이라며 비난했던 게 기억납니다. 지금 생
각하면 인상 깊은 장면이지요."(카린)

서쪽에서는 샴푸 향기가 났다

분단 시절 동서 독일은 남북한과 달리 꾸준히 교류를 이어 갔
다. 극동의 냉전 대리 지역이었던 한반도와 유럽의 냉전 전선 첨
단이었던 독일 사례의 가장 큰 차이점이다. 물론 분단 초기에는
동서독도 냉전의 최전선 국가로서 임무(?)를 수행했다. 1960년
대 말까지 서독은 동독 수교국과는 국교를 단절한다는 '할슈타인
독트린(Hallstein Doctrine)'을 이행했다. 1969년 빌리 브란트가 신
동방 정책(Neue Ostpolitik)을 추진하면서 본격적으로 해빙 분위기
가 만들어졌다. 하지만 이는 어디까지나 정부 차원의 이야기다.

민간 교류는 분단 초기부터 매우 활발했다. 1961년 베를린 장
벽이 세워지기 전에는, 동독 한가운데에 있던 베를린에서 동서
사람이 비교적 자유롭게 상대 영역을 오갈 수 있었다. 장벽이 세
워진 후에도 상대 체제에 가족이나 친척이 있는 이라면 당국의

허가 아래 왕래가 가능했다. 동독 체제가 점차 흔들리며 정부의 복지 부담이 커지자 정년퇴직자, 연금생활자는 자유롭게 서독으로 이주할 수 있도록 법이 바뀌었다. 정치범이나 체제 부적응자 등의 경우 서독 정부가 동독 정부에 일정액의 배상금을 내고 서쪽으로 데려오는 식의 이전도 있었다.

이산가족의 일회성 상봉조차 힘겨운 남북의 분단 상황과 사정이 많이 달랐다. 강릉원주대학교 이동기 교수는 "1963년부터 한 해에 가장 적게는 7,000여 명, 가장 많게는 3만5,000여 명이 동독에서 서독으로 합법 이주했다. 1970년대와 1980년대 동독을 이탈한 난민의 수는 매년 3,000명에서 6,000명이었지만 동독에서 서독으로의 합법 이주민 수는 그것의 2배에서 5배나 많았다"고 한다. 하나재단에 따르면 2018년 현재 한국에 거주 중인 북한 이탈 주민 수는 3만2,476명이다. 분단 70년간 북에서 남으로 이주한 이들의 총수가 동서독의 한 해 합법 이주자보다 적다.

다만 동독의 군인, 경찰, 교사 등 당국이 중요하게 생각한 노동자는 서독 방문이 어려웠다. 분단에도 불구하고 민간 교류가 지속됐다는 점은 분명 남북의 분단 상황과 비교될 만한 지점이다. 동서독 사람들이 인접 국가인 체코에서 상봉하는 경우도 있었다. 훗날 동독 체제가 흔들리고 인근 국가에 자유화 바람이 불자, 체코와 헝가리 등 인접 국가는 동독인의 서독 탈출 경로가 됐다.

베어톨트 씨도 분단 시절 서쪽 사람들과 교류했다. 친척이 바이에른 주에 거주했다. 베어톨트 씨는 가족 기념일에 서쪽을 방문했고, 친척들도 자주 동쪽으로 찾아왔다.

"서독에 있는 친척 한 분이 페인트업자였어요. 예나에 오실 때 꼭 하는 말씀이 '왜 건물이 다 회색이냐'는 거였어요. 그게 이상하다는 걸 당시는 몰랐죠. 재통일 후 예나에서 가장 먼저 바뀐 게 건물 벽 색깔과 지붕 색깔이에요. 지붕색이 붉어지고 노란 벽, 파란 벽이 생기기 시작하더군요.

저도 서쪽에 다녀와 봤죠. 1986년 즈음이에요. 보통 동독 사람이 가난하니 서독을 방문하면 친척들이 주머니에 돈을 마구 넣어 줘요. 하지만 그걸 받을 순 없죠. 서독에서 들어오는 기차는 도중에 경찰이 한 번 세워서 승객 신분증 검사도 하고, 짐도 다 뒤졌거든요. 서독 돈을 갖고 들어오다 걸리면 큰일 나지요. 그러니 일정액 이하 물건만 받았지, 돈은 안 받았어요.

서독에서 가장 인상적이었던 것이요? 슈퍼마켓에 요거트 종류가 너무 많아서 뭘 골라야 할지 모르겠더라고요. 그게 가장 안 잊혀요.(웃음) 집 샤워실에 수압, 온도를 조절하는 장치가 있는데 그걸 사용할 줄 몰라서 다섯 살 먹은 조카에게 물어본 기억도 나요. 그때가 1987년이네요.

당시 동독에는 샤워 시설이나 욕조가 없는 집이 많았어요. 우리는 시부모님 댁 지하실에 수도를 연결해서 욕조에 물을 받아 샤워했는데, 그나마 사정이 괜찮았지요. 샤워실이 없는 집은 예나 시내의 수영장 샤워실을 이용했으니까요."(베어톨트)

"20, 30, 40, 50세 등 뒷자리가 '0'으로 끝나는 생일을 크게 기념하는 게 독일의 문화예요. 서독에 사는 친척 중 이 나이대 생일을 맞은 이가 있으면 동독에서도 비교적 쉽게 서쪽으로 갈 수 있었어요.
크리스티안이 1985년에 서독에 사는 친척을 만나러 뮌헨과 슈투트
가르트 인근을 다녀왔어요. 그런데 완전히 낯선 사람이 되어서 돌
아왔어요. 몸에서 샴푸 냄새가 나더라고요. 너무 놀라서 전 그때 울
었지 뭐예요.(웃음)"(카린)

통일을 원한 건 아니다

서독의 우월한 문화와 경제력은 분명 동독 사람을 놀라게 했
다. 적잖은 이들이 서독에서 직접 목격한 열린 사회의 현실을 마
주하고 큰 충격을 받았으리라. 우리의 경우도 다르지 않다. 한류
드라마, 한류 스타가 북한 사회에 알려지면서 새로운 충격을 경
험하는 이들이 늘었으리라 예상된다. 상당수 북한 이탈 주민이
"북한 사람이라면 남한 방송은 다 본다"고 증언했음을 우리는 익
히 안다. 분명 그 같은 문화 전파 효과가 동독에 있었다. 당시 튀
링엔 주 일부를 제외하면, 동독 대부분 지역에서 서독 방송 전파
가 잡혔다. 원하는 이라면 누구나 서독 방송을 볼 수 있었다는 뜻
이다. 서독 방송을 통해 동독 젊은이들은 일찌감치 서구 대중문
화의 세례를 받았다. 이는 곧 미국으로 대표되는 20세기 자유주
의 진영의 문화에 동독 젊은이들이 눈을 떴다는 말과 같다. 한국
이 그렇듯, 분단 시기 서독은 주둔한 미군으로 인해 유럽에서 미
국 대중문화의 영향을 가장 크게 받은 나라 중 하나다. 서구의 자
유로운 문화는 동독 젊은이의 가슴을 뒤흔들었으리라.

대표적인 아이콘이 청바지다. 청바지와 로큰롤은 당시 젊음

과 자유의 상징이었다. 동독 젊은이들에게 리바이스 청바지는 선망의 대상이었다. 동독 국민의회 회장을 지낸 호르스트 진더만(Horst Sindermann)의 손자가 리바이스에 열광했다는 건 유명한 일화다.

동독은 내외의 자유 압력에 맞서기 위해 다른 공산 국가보다 인민의 자유를 더 보장하려 애썼다. 동독 인민은 서방을 제외한 나라로는 여행할 수 있었다. 펑크 밴드 활동도 가능했고, 염색과 같은 소소한 일탈도 허용됐다. 국영 기업이 만든 청바지 브랜드 '복서(Boxer)'를 당이 인민에게 보급하기도 했다. 리바이스 청바지도 동독 내부에서 구입은 가능했다. 복서와 리바이스의 가격 격차를 비교하면, 사실상 평범한 동독 가정의 청년이 리바이스를 구입하는 건 불가능했지만 말이다.

동독 시절 일상사를 전시한 베를린의 DDR 박물관을 방문하면 당시 동독 인민의 생활상을 엿볼 수 있다. 서방을 향한 동독의 홍보 영상이 박물관 내부 곳곳에서 방영되는데, 가족이 누드 비치에서 여유로운 한때를 보내는 장면, 청바지를 입은 청춘남녀가 오토바이를 타고 거리를 질주하는 장면, 일가족이 동독의 '국민차' 트라반트(Trabant)를 타고 행복한 미소를 짓는 장면 등이 반복 상영된다. '동독은 서방만큼 자유로운 나라, 인민

청바지 복서.

이 행복한 나라'라는 이미지 광고에 공을 들였다는 건, 달리 말해 동독 정부가 자유 압력에 큰 위기감을 느꼈다는 방증이다. 그럼에도 약간의 자유로 인민의 근본적 열망을 짓누를 수는 없었다. 전두환 독재 정권의 이른바 '3S 정책'도 민주화를 열망한 한국 청년의 열기를 이기진 못했던 것과 다르지 않다.

특히 체제 후반기가 되면 이 같은 열망은 걷잡을 수 없이 터져 나오게 된다. 대표적 사건이 미국 가수 브루스 스프링스틴의 1988년 동베를린 콘서트다. 동독 정부는 상대적으로 '반미적(?)'이면서 이미 공공연하게 동독 젊은이들 사이에 알려진 이 가수를 불러 인민의 불만을 잠재우려 했으나, 결과는 당혹스러웠다. 당시 동독 인구의 1%가 넘는 16만 명이 공연장에 모여 성조기를 흔들어 댔다. 당의 최대 적국의 국기가 수도 한가운데서 날렸다는 건, 이미 동독 체제의 통제력이 마비됐다는 상징과 다름없었다.

베를린 DDR 박물관에 남아 있는 1988년 브루스 스프링스틴의 동베를린 콘서트 모습.

그런데 구 동독인들이 '자유'와 '통일'을 동일시했으리라고 보기는 어렵다. 민주적 체제로의 전환과 통일은 완전히 다른 맥락의 이야기이기 때문이다. 전문가를 비롯해 우리가 현지에서 만난 이들 상당수도 베를린 장벽 붕괴 당시 동독인들이 원한 건 민주주의와 자유였지, 통일은 아니었다고 말했다. 통일 구호는 장벽 붕괴 한참 후에야 나왔다는 평가가 정설이다.

"서독으로 도망갈 생각을 안 했냐고요? 안 했어요. 그 사람들 잘사는 것 부럽다거나, 배 아프다 생각하진 않았어요. 서독의 많은 물건들을 보니 '이런 게 꼭 필요한가' 싶기도 하더라고요. 물론 동독에서는 자동차를 구하기도 힘들고 물건도 부족했지만, 허락하는 한도 내에서는 만족하며 사는 법을 배웠어요. 무엇보다, 모든 게 조금씩 부족하니 이웃과 교류가 잦았지요. 동독에는 상부상조 정신이 있었어요."(베어톨트)

"베를린 장벽이 무너졌을 때 재통일되리라 생각했냐고요? 전혀요. 보통 동독 사람 중에 통일을 예상한 사람은 없었을 거예요. 물론 동독 독재 체제가 무너지리라 생각은 했지만, 통일을 생각한 건 아니에요. 장벽이 무너진 후 서쪽으로 가고 싶었냐고요? 아니요. 이미 아이가 셋이나 되고, 집도 괜찮고 직장도 괜찮았는데 왜 옮겨요?"(크리스티안)

"서독이 잘사니까 그 체제를 동경하는 마음이 있긴 했어요. 그렇다

고 베를린 장벽이 무너지니 통일되겠다는 생각은 안 했어요. '이제
정말 자유롭게 살겠다'는 생각 정도였죠. 아무튼 장벽이 무너진 건
좋았어요. 전 감격해서 막 울었어요."(카린)

통일 사회에 적응하기

역사는 흘러 재통일이 완성됐다. 서독식 체제가 동독을 집어
삼켰다. 동독인은 완전히 다른 세상, 곧 서독인이 지배하는 세상
에 적응해야 한다는 숙제를 떠안게 됐다. 짧았던 판타지가 끝나
고, 현실이 닥쳤다.

"엄청나게 해고됐죠. 슈타지와 관계있던 사람부터 해고됐어요. 우
리 회사에서도 이 회사 오래 못 갈 것 같다는 이야기가 나왔어요. 그
런데 우연찮게 서독의 알리안츠가 동독 공보험을 통째로 인수한다
는 정보를 들었어요. 그걸 믿고 알리안츠에 지원해서, 다행히 일자
리를 잡았죠. 실제로 1990년 2월 1일에 알리안츠가 동독 공보험을
인수했어요.

당시 동독 사람은 다 재교육을 받아야 했어요. 서쪽 체계와 동쪽 체
계가 달랐으니까요. 다행히 알리안츠 재교육은 며칠만 받으면 되는
수준이라 아이 키우는 입장에서 괜찮았어요. 돌이켜 보면 우리는
운이 좋았어요. 제 남편은 칼 자이스 측량 부서에서 일했는데, 이 부
서는 서쪽 칼 자이스도 남기길 원했어요. 덕분에 다행히 남편도 안
잘렸죠. 그때 자이스에서 엄청 많이 해고됐죠.

통합된 후 우리 회사에 서쪽 사람이 많이 들어오더라고요. 주로 고

위직으로요. 가족 전부가 잘 모르는 이 동네로 오진 않으려 할 것 아니에요? 주로 남자만 오더군요. 이 사람들이 '동쪽 여자는 일도 열심히 하고 가정에도 충실하다'고 좋아했죠. 동독에서는 여자도 다 일하는데, 당시 서독에서 여자는 주로 집 안에만 있었거든요. 그래서 그런지, 서독 출신 상사 중에 이혼하고 동독 여자와 결혼하는 사례가 많았어요. 아무래도 주말부부로 지낸 점도 문제가 됐겠죠. 서독에서 온 제 직속 상사는 본인 비서와 결혼했어요.

아무튼, 모든 것이 바뀌었어요. 극도로 바뀌었죠. 통일 후 가장 아쉬운 점은 동독에 남아 있던 공동체 개념(Gemeinsinn)이 사라졌다는 거예요. 무엇보다 상황이 계속 급변하기만 하고 체제가 안정되지 않으니까 다들 불안해했어요. 실직자가 워낙 많으니 우울증 환자도 많았죠.

그렇다고 통일을 나쁘게 보느냐고요? 아니. 통일 좋았어요. 그 전으로 돌아가고 싶지 않아요. 통일 당시는 힘들었지만, 이제는 많이 안정됐어요. 동독 시절은 꼭 하지 않았어도 될 경험이에요."(베어톨트)

"걱정이 정말 많았죠. 워낙 급변하니까요. 서독 사람이 동독 사람보다 지위를 중시하더라고요. 사람을 보는 데도 직업을 보고 선입견을 가져요. 그나마 예나는 사정이 나았죠. 전 적응을 잘했어요. 정치인 생활도 해 봤는데요, 뭘. 그 얘기 들려줄까요?

장벽 붕괴 직후에 동독에서 첫 자유선거(1990년 3월 18일 열린 인민회의 자유선거)가 열렸어요. 드디어 SED가 독재를 포기했지요. 사실 이 선거가 지나고 나서야 통일이 민심으로 확 굳었어요. 이때 저는 조경

회사 관리자로 일했는데, 기독교민주연합(CDU)에 입당해 의원 선거에 나갔습니다. 비록 떨어졌지만요.(웃음) 이후 우연찮게 예나에서 자동차로 20분 거리인 도른부르크(Dornburg) 시에서 시장 공모를 낸 걸 알았어요. 거기 지원했는데 당선됐지요. 당시 이 시의 시장 선거는 시민 선거가 아니었고 의회 선거였어요. 나름 통일 후 다양한 일도 해 봤고, 삶도 잘 풀렸지요. 자식 셋은 다 대학에 보냈고, 여행도 자유롭게 다녔어요. 통일 덕분에 에어푸르트(Erfurt) 부근 집안 땅도 사유재산으로 인정받아서 그 돈으로 아이들을 유학 보낼 수 있었어요. 통일로 큰 혜택을 받았어요."(크리스티안)

"돈을 조심해서 써야 한다는 게 통일 후 가장 중요한 교훈이었어요. 빵도 가장 싼 걸로, 식재료도 딱 버터와 햄 정도만으로요. 그 정도로 절약해야 했어요. 걱정이 많았죠.

서독 사람이 군림하는 건 마음에 안 들었어요. 우리는 살아남으려고 밤낮으로 일했거든요. 버터 한 조각, 바나나 하나를 사더라도 줄을 서서 샀어요. 그런데 서독 사람이 통일 후 우리한테 보이는 태도는 '너희는 아무것도 모르니 우선 일하는 법부터 배워'라는 식이었어요. 기분이 아주 나빴죠. 사람이 상대방을 존중하는 태도를 보여야 하는데, 서독 사람 중에는 우리가 동독 사람이라고 무시하는 이들이 많았어요.

시간이 지나고 좀 적응하니 괜찮아지더군요. 통일 전에는 막연히 서독 사람은 다 똑똑하리라 생각했는데, 실제로 보니 우리와 별반 다르지 않더라고요. 다만 확실히 다른 건, 서쪽 사람은 혼자서 살아가는 개인주의 체제에 익숙했는데 우리는 달랐단 거예요. 동독 사람이라면 요새도 농담 삼아 이야기해요. 서독 사람은 오리처럼 뒤뚱거리니까 신발 밑창만 봐도 서독 사람인지, 동독 사람인지 알 수 있다고요.(웃음)"(카린)

통일은 했으나 여전히 감정의 골은 남았음을 인터뷰이들의 이야기에서 확인할 수 있다. '오씨'와 '베씨'의 갈등은 지금도 독일에 깊이 남은 분단의 상처다. 심지어 이 갈등이 마케팅에 이용되기도 한다. 구 동독 시절 상품이 신연방주 사람의 정체성을 반영한다는 광고가 제작된다. 담배 에프젝스(f6)와 카비넷(Cabinet), 론도(Rondo) 커피 등이 구 동독 지역에서 잘 팔린다. 한때 서독 담배 회사 베스트(West)가 '서쪽 맛을 보라고(Test the West)' 광고하자 이에 대응해 "난 유벨을 피워. 베스트(서쪽)는 이미 맛을 봤거든. 유벨이 우리를 위한 담배지!(Ich rauche Juwel, weil ich den Westen schon getest habe, Juwel eine für uns!)"라는 대응 광고 문구가 나오기도 했다(이동기, <독일 통일 후 동독정체성: 오스탈기는 통합의 걸림돌인가?>, 2016). '뒷이야기'에서도 소개하겠지만, 이처럼 상존한 동서 갈등은 재통일 당시는 상상되지 않던 새로운 문제를 연달아 낳았다. 동서독 격차에 따른 부작용을 이야기하기에 앞서, 플뤼겔 부부 자녀 세대의 증언을 확인해 볼 차례다. SED 체제 하에서 청소년의 미래 진로가 어떻게 결정되곤 했는지, 이 체제에서 자란 사람이 어떻게 새로운 통일 사회에 적응했는지를 정리한다.

(통역: 조경혜)

한국과 닮은 동독 가정

젊어서부터 세계를 직접 경험한 이라면 다르겠지만, 그렇지 못한 이들은 유럽을 뭉뚱그려 강력한 개인주의적 사회로 인식하기 쉽다. 하지만 적어도 동독은 아닌 듯했다.

동독의 가정 분위기는 한국과 여러모로 비슷하다. 예나에서의 인터뷰를 도와준 조경혜 씨의 사례만 봐도 알 수 있다. 조 씨는 플뤼겔 부부의 한국인 며느리다.

플뤼겔 부부는 조 씨 부부 집의 지척에 거주한다. 조 씨 부부의 집이 애초에 플뤼겔 부부가 예전에 생활하던 곳이다. 플뤼겔 부부는 지금도 수시로 조 씨의 집에 찾아와 식사를 함께하고, 손주들을 돌본다고 한다. 필자들이 방문한 날 온 가족과 함께 식사를 했는데, 우리식으로 감자떡이라 부를 만한 독일 전통 음식 카르토펠 클로쎄(Kartoffel Kloße)와 김치, 제육볶음이 한데 어우러진 흥미로운 식탁이었다. 가족이 한국 음식을 무척 좋아한다고 했다. 후에 조 씨와 인터뷰를 진행하며 '생각보다 한국 가족의 느낌이 많이 난다'고 말했더니 그도 강하게 수긍했다.

조 씨 부부는 세 자녀와 함께 산다. 우리로 따지면 중학생인 첫째 딸의 이름은 엘리자베스고 남자아이들인 둘째와 셋째는 각각 요나탄, 율리우스다. 셋 모두 김치를 먹을 줄 알고, 한국어 듣기에 아무 문제가 없다. 다만 한국어를 일상에서도 조금씩 사용하는 아이는 첫째인 엘리자베스뿐이다. 둘째와 셋째도 어릴 적에는 한국어를 사용했으나, 커 가면서 쓰지 않게 됐다고 한다. 조 씨는 지금도 아이들과 대화할 때 일부러라도 한국어로 이야기한단다.

인터뷰 중 남는 시간을 틈타 조 씨에게 혹시 아이들이 혼혈이라고 차별받지 않느냐고 슬쩍 물어봤다. 엘리자베스의 학교 별명이 '한국인'이라고 조 씨는 답했지만, 그걸 차별로 느끼진 않는단다. 요즘은 독일에도 한류 콘텐츠에 관심을 갖는 아이들이 몇 있는데, 그 점으로 인해 엘리자베스가 인기를 끈다고 했다.

독일 전통 음식 카트로펠 클로쎄와 여러 음식들.

2
동독 1020세대의 기억

독일의
재통일

1989년 베를린 장벽이 무너지면서 동독 사회는 급격한 변화를 겪었다. 예상치 못한 변화의 바람으로 인해 기존 동독 사회에 뿌리내린 30~50대 동독 주민 중에는 하루아침에 삶의 기반을 잃어버린 이가 많았다. 반면 같은 시대를 살았던 당시의 10~20대들에게 동독 사회의 변화는 꼭 부정적이지만은 않았다. 동독 시절에는 주어지지 않았던 새로운 기회의 창이 열렸기 때문이다. 물론, 기본적으로 가정의 붕괴는 이들에게 큰 상처를 주었다.

이번 순서에 소개할 이들은 독일 재통일 당시 10~20대였던 요하네스 빈클러(1965년생), 세바스티안 플뤼겔(1973년생), 카를 에릭 다움(1978년생) 씨다. 세바스티안 씨는 앞서 소개한 이야기에 등장한 플뤼겔 부부의 둘째 아들이다. 이들과의 인터뷰를 도운 조경혜 씨의 남편이기도 하다. 빈클러 씨는 세바스티안 씨의 매제며, 다움 씨는 세바스티안 씨의 친구다. 이들이 기억하고 있는 독일 재통일 당시의 모습은 어떠한지, 그리고 재통일이 그들의 삶에 어떤 의미였는지를 들어 봤다.

빈클러 씨는 구 동독 지역의 소도시 핀스터발데(Finstewalde)에서 태어났다. 1977년 온 가족이 베를린으로 이사하기 전까지 이곳에 거주했다. 그는 이후 튀링엔 주에 위치한 칼 자이스의 천문관측소에서 엔지니어로 쭉 일했다. 세바스티안 씨는 예나에서 태어났고 대학도 예나에서 나왔다. 현재 거주하는 곳 역시 예나다. 대학 진학 전에 3년 동안 은행에서 일했고 이후에 대학에서 경영학을 전공했다. 졸업 이후 지금까지 15년째 예나 근처 에어푸르트(Erfurt)에 위치한 전기회사에 다니고 있다. 다움 씨는 예나에서 1시간 정도 떨어진 게라(Gera)에서 태어나 열여덟 살까지 그곳에서 살았다. 부모님이 동독 시절 나름 사업을 크게 하신 덕분에 넉넉한 가정에서 자랐다. 다움 씨는 부모님이 체제에 순응하지 않아도 자발적인 생존이 가능했다고 떠올렸다. 그는 현재 세무사로 일하고 있다.

이들은 태어난 곳도, 나이도, 현재 직업도 모두 다르지만 개인의 생애사에서 비교적 어린 편에 속하는 10~20대 때 재통일을 경험했다는 공통점을 가지고 있다. 이들은 갑작스러운 재통일로 인해 하루가 다르게 변하는 주위 환경이 혼란스럽기는 했지만, 이전보다 더 큰 교육의 기회를 가질 수 있었다는 점을 강조했다. 이들은 자신들의 세대 경험이 재통일 당시 장년이었던 부모 세대의 그것과는 근본적으로 다르다는 점을 짚었다.

충성심을 보여라

재통일 이후 10~20대들에게 이전보다 더 큰 교육의 기회가 열렸다는 것은 반대로 동독의 교육 기회가 제한적이었음을 의미한다. 동독 정부는 체제에 충성심을 보이는 학생에게만 대학 진학의 기회를 열어 줬다. 충성심을 보이는 방법은 여러 가지가 있었다. 동독의 집권당인 SED의 당원 자녀이거나 SED에서 만든 소년단인 FDJ(Freie Deutsche Jugend, 자유 독일 청년단, 일명 유겐트)에서 활동하는 학생은 아비투어를 볼 수 있었다.

남들보다 더 오래 군 복무를 해도 대학 진학 기회를 얻을 수 있었다. 동독의 군 의무 복무 기간은 1년 반이었다. 자발적으로 3년까지 군 복무 기간을 연장할 수 있었는데, 이처럼 장기 복무하는 사람에게 동독 정부는 아비투어 응시 기회를 줬다.

빈클러 씨는 총과 같이 인명을 살상하는 무기를 들지 않을 것이라고 스스로 다짐한 상태였다. 우리로 따지면 양심적 병역 거부자에 가깝다. 정확히 이야기하면 '집총 거부'를 한 셈이다. 다행히 빈클러 씨는 군에서 총을 들 일이 없는 군인으로 의무 복무 기간만 채웠다.

당원이 아니고, FDJ 활동을 하지 않았고, 자발적으로 장기 군복무를 하지도 않은 빈클러 씨는 동독 정부에 '충성심'을 보여 주지 못한 사람이 됐다. 아비투어를 치를 자격을 얻지 못했다. 베를린 장벽이 무너지기 전, 대학 진학과 취업의 갈림길에 섰던 빈클러 씨는 동독 체제가 계속 이어졌다면 자신의 대학 진학은 불가능했을 것이라고 말한다.

"저는 아비투어를 치르고 대학 공부를 하기 어려우리라는 걸 고등학교에 다닐 때부터 알고 있었어요. 예를 들어 한 학급이 25명이라고 한다면 동독 정부는 그중 3명 정도에게만 아비투어를 치를 수 있게 해 줬거든요. 저는 FDJ 활동을 하지 않았고, 부모님이 SED의 당원도 아니었습니다. 아비투어를 볼 기회를 얻을 수가 없었죠. 갈 길이 이미 정해진 거였죠."(빈클러)

결국 그는 엔지니어로 사회생활을 시작했다. 이후 빈클러 씨는 동독이 무너지기 직전인 1989년 9월, 광학회사인 칼 자이스가 운영하는 엔지니어 교육기관에서 학업을 이어 갔다. 장벽이 무너진 뒤인 1990년에는 이 교육기관의 본부가 있는 예나에서 공부했다.

대학에 가기 위해 겉으로라도 동독 정부에 충성하는 모습을 보여 줄 수 있지 않았을까 싶지만, 빈클러 씨는 아버지의 교육이 이러한 행동을 하지 못하도록 자신에게 영향을 미쳤다고 말했다. 그의 아버지는 교회 목사였다. 《성경》의 십계명을 따라 거짓말을 해서는 안 된다고 항상 강조했다. 남에게 하는 거짓말뿐만 아니라 스스로에게 하는 거짓말도 안 된다는 의미였다. 빈클러 씨의 아버지는 줄곧 "너의 생각에 소신을 가져야 한다"라고 가르쳤고, 이러한 영향을 받은 빈클러 씨가 거짓으로 동독 정부에 충성하는 모습은 보일 수 없었다.

다움 씨의 형도 대학 진학에 어려움을 겪었다. 그의 형은 베를린 장벽이 무너졌을 당시 군 복무 중이었는데, 그들의 할아버

지는 동독 체제에 반감을 가졌다는 이유로 이른바 '찍힌' 인물이
었다. 부모님은 SED 당원이 아니었다. 다움 씨는 만약 동독이 계
속 유지됐다면 형은 군 복무를 했더라도 대학에 가지 못했을 것
이라고 말했다. 다움 씨 역시 마찬가지였음이 틀림없다.

TV에 나오는 시계는 동그랗다

개인의 교육 기회까지 좌지우지하며 막강한 권한을 행사하
던 동독 정부는 1980년대로 접어들면서 서서히 힘을 잃어 갔다.
동독 체제가 무너진 데에는 여러 배경이 있겠지만, 청소년기에
동독 말기를 경험한 인터뷰이들은 공통적으로 서독 TV의 영향력
을 꼽았다. 동독에 서독 TV 채널이 방송되면서 동독 사람의 인식
이 점점 변해 갔고, 이러한 변화가 체제 내부의 동요를 일으켰다
는 게 그들의 이야기다. 아무래도 유행과 새로운 세상에 특히 민
감한 시기인 청소년기의 경험이 이들에게 특히 생생한 기억으로
남은 영향도 있었으리라.

"요즘도 그렇지만 뉴스 시작하기 전에 시계가 나오잖
아요? 당시 서독 방송에는 동그란 시계가, 동독 방
송에는 네모난 시계가 나왔어요. 가끔 선생님이 학
생에게 TV 속 시계 모양을 물어봤는데, 학생들 대
부분이 '동그랗다'고 대답했어요. 다 서독 TV만 봤기
때문이죠.
물론 가끔 동독 TV를 보기도 했어요. 동독 TV에서 재밌는 영화를

보여 줄 때나 학교 토론 준비에 필요한 방송이 나올 때였죠. 당시 학생들은 학교에서 정기적으로 정치 토론을 했어요. 에리히 호네커가 누굴 만나는지, 장관을 비롯한 주요 정치인이 누군지 알려면 동독 TV를 봐야 했죠."(세바스티안)

서독 TV는 이를 보고 자라난 세대뿐만 아니라 기존 동독 체제에 적응하고 있던 선생님들에게도 영향을 미쳤다. 다움 씨는 1989년 중국에서 톈안먼 사태가 일어났을 때 이를 대하는 선생님들의 태도가 이전과는 달랐다고 말했다. 베를린 장벽이 무너지기 직전이었다.

"톈안먼 사태를 두고 당시 동독 정부는 '중국 정부가 정말 잘 대응한 것'이라고 칭찬했는데, 이 문제에 대해 아무런 언급을 하지 않는 선생님이 늘어났어요. 예전에는 동독 정부에 친화적인 발언을 했던 선생님들도 점차 그 수위가 약해졌죠. 동독에서 교사는 국가의 미래를 책임지는 아주 중요한 직책이었어요. 그런 사람도 흔들리기 시작한 거죠.

동독의 새 학기는 매년 9월 1일에 시작됐어요. 학기가 시작한 첫날 학교에 갔는데 선생님 한 분이 안 나오셨어요. 알아보니 프라하를 통해 (서방 국가 쪽) 대사관으로 넘어갔더군요. 장벽 붕괴를 전후해 그 선생님뿐만 아니라 서독으로 넘어간 친구들이 많았습니다. 하루하루가 변화의 연속이었어요."(다움)

대중의 인식 변화는 실제 행동을 불러왔다. 세바스티안 씨는 동독 사람들이 다른 나라로 넘어가는 장면을 보여 줬던 서독 방송이 아직도 기억에 생생하다며, 방송 뒤에 더 많은 사람이 동독 민주화 운동에 참여했다고 전했다.

"1989년 가을 헝가리가 국경을 열었는데, 동독 사람들이 헝가리로 넘어가는 장면이 서독 방송을 통해 방영됐습니다. 체코의 프라하에서는 한 아이의 엄마가 수 미터 정도 되는 (서방 국가의) 높은 대사관 담장 위로 자기의 아이를 넘기는 장면이 서독 방송을 통해 나왔고요. 동독인들은 이 방송을 보면서 폭력적인 상황 없이 국경을 넘어갈 수 있다는 것을 알게 됐죠.

이런 방송이 나오기 시작하면서 교회를 주축으로 진행돼 왔던 민주화 운동이 대규모 평화 시위로 이어졌습니다. 예나의 경우 처음 시위에 나온 사람은 100명 정도였어요. 그런데 방송이 나온 뒤에는 500명으로 늘어났습니다. 학생이나 젊은 층뿐만 아니라 할아버지, 할머니, 부모님 세대도 나갈 정도였으니, 방송이 상당히 큰 역할을 한 셈이죠."(세바스티안)

통일이 아니었다면?

베를린 장벽이 무너진 후 1년도 채 지나지 않은 1990년 10월, 동독이 서독에 흡수되면서 독일의 재통일이 이뤄졌다. 누구도 쉽게 예상하기 어려운, 전격적인 통일이었다. 이처럼 급격한 통일은 사회 전반에 걸쳐 상당한 부작용을 낳았다. 그런데 다음 씨와 세바

동독 민주화 시위의 시발점이 되었던 라이프치히 니콜라이 교회.

스티안 씨는 당시에 통일이 아닌 다른 방식으로 동독의 문제를 해결하기는 어려웠을 것이라고 말했다. 재통일 당시 장년층이었던 세대와 아직 사회생활을 하지 않은 세대의 가장 큰 통일관 차이가 여기에 있다. 서독의 동독 흡수가 당시로서는 최선의 선택이었다는 이야기는 이들보다 이전 세대에게서는 쉽게 듣기 힘들다.

"구 동독에서는 화폐 개혁이 예정보다 몇 달 더 빨리 이뤄졌어요. 베를린 장벽 붕괴의 여파가 생각보다 컸기 때문이죠. 동독 체제가 무너지고 있음이 매일매일 느껴질 정도였습니다. 물론 동독 내에서 통일을 원하지 않는 사람도 있었고, 개혁된 동독을 유지하자고 했던 사람도 있었어요. 하지만 체제를 유지하려 했다면 더 많은 사람이 서독으로 도망갔을 겁니다. 동독은 고스란히 붕괴했을 수 있죠. 흡수 통일이 최선의 방법이었다고 생각해요. 지금 생각해 봐도 더 좋은 방법은 없었던 것 같아요."(다움)

다움 씨는 본인이 통일로 인한 이득을 가장 많이 본 세대라고 말했다. 다움 씨는 통일 당시 한국 기준으로 보면 막 초등학교를 졸업한 나이였다. 다움 씨가 받은 전체 교육기간을 고려하면, 그는 동독보다는 서독 방식의 교육을 더 많이 받은 사람이다. 그는 자신과 같이 서독에 바로 편입된 세대는 적응하기가 수월했지만, 그렇지 않은 세대에게 재통일은 힘들었을 것이라고 말했다.

"저는 재통일 무렵 아직 어렸기 때문에 이후 서독 교육 시스템에 바로 안착해서 아비투어를 치르고 대학에 갈 수 있었습니다. 열 살 많은 형도 결국 대학에 갈 수 있었죠. 하지만 부모님은 힘드셨을 거예요. 이미 성인이 되어 사회생활을 하고 있는데 갑자기 완전히 새로운 시스템이 들어왔으니 말이죠.
예를 들어 재통일 이후 동독 시절의 경력을 인정받지 못해 연금 수령에 어려움을 겪은 고령 세대가 많습니다. 동독 내에서도 경쟁력을 지닌 공장이 많았지만, 재통일 과정에서 상당수 공장이 오직 자본 논리로 인해 사라지기도 했죠. 그만큼 실업의 고통을 겪은 이가 많았고요. 서독 지역에 경쟁사가 있다는 이유로 동독의 좋은 공장이 문을 닫은 사례도 있습니다. 동독 사람 중 지금까지도 서독을 나쁘게 생각하는 이가 많은데, 재통일 과정에서 이런 일이 있었기 때

문입니다."(다움)

　세 인터뷰이 중 빈클러 씨의 입장이 가장 비판적이다. 빈클러 씨는 장벽 붕괴를 전후해 시위에 나섰던 많은 사람이 통일을 원했다고 회고했다. 다만 빈클러 씨는 마냥 통일에 긍정적이지만은 않았는데, 그의 좌파적 성향이 깊은 영향을 미친 듯 보였다. 빈클러 씨는 지구적 자본주의 체제에 매우 비판적인 사람이었다. 그런 그가 서독식 흡수 통일을 마냥 긍정했을 리 만무하다. 그는 통일로 인해 이른바 '유토피아'가 열리지 않았다는 점을 강조했다.

　젊은 시절에도 자본주의에 비판적이었던 그는 그렇다면 통일에 반대했을까. 빈클러 씨 역시 민주화 시위에 참석했다. 하지만 그는 통일을 요구하진 않았다. 빈클러 씨는 동독 독재 정권의 부패를 극복해야 한다고 생각했기 때문에 동독 민주화 시위에 나섰다고 말했다. 사회주의 자체는 반대하지 않았지만, 이걸 어떻게 실천하느냐에 대한 문제에서 동독 정부와 생각이 달랐기에 시위에 나섰지, 통일이 유일한 해답이라고 여기진 않았다는 얘기다.

　"흡수 통일이 제 삶을 완전히 바꿔 놓았습니다. 통일이 아니었다면 지금 직장을 구하지도 못했을 겁니다. 재통일이 제 삶에 긍정적인 영향을 준 것은 사실이죠. 다만, 그렇다고 해서 재통일로 인해 낙원이 열렸다고 보기는 어렵습니다. 이 점이 중요합니다."(빈클러)

　독일 재통일로부터 30년 정도가 지났지만 여전히 동서독 간 차이는 존재한다. 독일 재통일로 나름의 수혜를 입은 이도 동서독 간 경제적, 문화적 차이는 여전히 작지 않다고 말한다. 세바스티안 씨는 본격적인 사회생활을 시작하기 이전에, 이미 동서독각 개인이 가진 사회적, 경제적 자본에서 차이가 있었다는 점을 중요하게 꼽았다. 뒤이어질 이야기들에서 재론하겠지만, 현재 독일 사회의 주류 엘리트 계층은 구 서독 출신이 독점하고 있다.

"우리 나이대에 서독에서 나서 자란 사람은 기본적으로 우리보다 사회생활을 시작할 때 지닌 경제적, 문화적 자본이 2배는 더 크다고 생각합니다. 우리 아이들이 어른이 되고, 이어서 그 아이들의 자손 세대 정도가 되어야 서독과 동독 사람의 출발 자본이 대등해질 겁니다. 이건 어쩔 수 없는 일이지요.
동독 독재기간 동안 동독에 있던 좋은 기업들이 다 망가졌습니다. 재통일 이후에는 더 황폐화했죠. 일부 큰 도시에는 좋은 공장이 있지만, 그 일부를 제외하면 대부분 구 동독 지역은 힘든 시기를 보내고 있습니다. 창업가가 애써 회사를 키워도, 서독의 대자본 기업이 곧바로 그 회사를 사 버리는 일이 일어나죠."(세바스티안)

사회생활을 하면서 만났던 서독 사람들도 사고방식이나 행동에서 동독 사람들과는 많이 달랐다. 그 차이는 곧 불편함으로, 나아가 차별로 인식되기 쉽다.

"사회생활을 시작한 뒤 첫 1년은 뮌헨에 있었어요. 당시 회사 사장이 동독 사람에게 '프로젝트가 언제 끝나냐'고 물었습니다. 동독 사람은 '한 달 후'라고 대답하고 정말 한 달 후에 끝냅니다. 그런데 서독 사람에게 물어보면 일주일 후에 끝난다고 호언장담을 하더라고요. 하지만 절대 그 기간 내에 끝나지 않습니다. 동독 사람은 불평이 많고 좀 딱딱하긴 하지만 솔직하게 이야기하고 약속은 지키는 성향이 있는데, 서독 사람은 말은 다 해 줄 것처럼 하지만 약속을 잘 지키지 않는 경우가 있었습니다."(세바스티안)

"서독 출신은 동독 사람과는 다르게 자랐기 때문에 생활 방식도 다릅니다. 유머감각도 좀 다르고요. 예를 들어 서독 출신은 동독 출신에 비해 자산 관리를 잘하는 것 같습니다. 또 동독 사람은 풍족하지 않은 상태에서 살다 보니 물건을 샀는데 뭔가 문제가 있어도 어떻게든 고쳐서 써 보려고 노력하는데, 서독 사람은 그냥 버리는 경우가 많았습니다."(빈클러)

"어떤 교육을 받았느냐에 따라 다르다고 생각합니다. 동독은 자기가 생각하는 것을 밖에서 자유롭게 말하면 안 되는 사회였으니 사람들도 실제 그랬습니다. 반면 서독 사람의 경우 아무래도 자신감이 있고 자기 생각이 옳다고 생각하는 경향이 있습니다. 딸이 지금 초등학교에 다니는데 꾸준히 발표 수업을 합니다. 자신을 다른 이에게 보여 주는 교육을 십수 년 동안 배우면 자신감 있는 사람이 될 수밖에 없겠죠."(다움)

독재의 기억은 남아 있다

1990년대 이후 태어난 20~30대를 일컫는 용어인 '밀레니얼 세대'는 어릴 적부터 인터넷이 일상인 시대를 살아왔다는 점에서 이전 세대와 다른 존재로 주목받는다. 한국에서는 또 하나의 맥락이 추가된다. 군사 독재 경험이 없는, 완전히 민주화된 나라에서 태어났다는 점이다. 이 점에서 밀레니얼 세대는 이전의 첫 대중문화 향유 계층이었던 'X세대'와 차별점을 지닌다.

이번 글에 나온 세 인터뷰이는 한국으로 치자면 대체로 민주화세대~X세대 나이에 해당한다. 바꿔 말하자면, '자유 독일'의 세례를 젊은 나이에 듬뿍 받았지만, 어릴 적에는 독재 체제를 경험하기도 했다는 뜻이다. 이 같은 세대 경험을 담은 주목할 만한 책도 있다. 1976년생인 동베를린 출신 작가 마빌(Mawil)의 그래픽노블 《어쨌거나 핑퐁(Kinderland)》이다. 2014년 출간 당시 에를랑겐 국제 만화 살롱에서 '진실성의 기적'이라는 평을 받으며 최고의 독일 만화로 선정된 이 작품은 베를린 장벽 붕괴 당시 사춘기에 들어선 김나지움(Gymnasium, 독일의 중고등학교) 학생이었던 작가의 경험담을 담았는데, 흔들리던 동독 체제를 떠나는 이들과 그럼에도 겉으로는 강고한 독재 체제의 대비가 균형 있게 그려졌다.

인터뷰이들은 대체로 작가와 같은 경험을 했다. 청소년기 아직 남은 독재 체제의 기억을 그대로 갖고 있다는 뜻이다. 베를린 장벽이 무너졌을 당시 김나지움 6학년(김나지움은 독일의 인문계 중등 교육기관이다. 김나지움 6학년은 한국 기준으로 초등학교 6학년에 해당한다)이었던 다음 씨는 아버지가 운영하던 철물점에서 슈타지를 만났던

50

기억을 떠올렸다.

> "아버지가 동독 시절 철물점을 운영하셨어요. 그런데 가게에 이따
> 금 정보를 캐내기 위해 슈타지 요원이 들렀습니다. 슈타지 요원이
> 들어오면 금방 표시가 났어요. 그래서 아버지는 가게에 있던 다른
> 사람이 다 들으라는 식으로 '당신 슈타지 맞지?'라고 말씀하시곤 했
> 죠. 슈타지를 좋아하는 이는 아무도 없었으니까요. 그러면 그 요원
> 은 그냥 나가 버렸죠. 이런 식으로 슈타지 요원이 정보를 캐내는 것
> 을 막을 수 있었어요."(다움)

앞선 인터뷰이들의 이야기에서도 드러나듯, 슈타지는 동독
사회의 주민 모임 곳곳에 정보원을 심어 대 인민 감시 체계를 만
들었다. 세바스티안 씨는 교회의 관리자라면 누구나 신자 중 누
가 슈타지인지를 알고 있었다고 전했다. 그런데 목사들은 오히려
슈타지가 있는 것을 좋아했다고 한다. 동독 정부에서 금지하고
있는 반정부적인 활동을 하지 않는 교회의 경우, 슈타지가 교회
에 와서 직접 확인하는 만큼 오히려 자신의 '결백'을 증명할 수 있
었기 때문이다. 비참한 약자의 안도가 엿보이는 대목이다.

슈타지가 교회를 감시한 이유는 자명하다. 교회가 반정부 시
위의 구심점 역할을 했기 때문이다. 다만 동독 당시의 교회를 지
금 민주주의 국가를 사는 우리의 개념으로 이해하려 해서는 안
된다고 세바스티안 씨는 강조했다. "'민주주의'와 같은 개념이라
기보다는, 어디까지나 '큰 가족'과 같은 안정감을 사람들에게 줬

다. 교회는 물론 환경단체도 같은 역할을 했는데, 이 사람들과 있으면 편하다, 좋다고 느꼈고 여기서는 내가 좀 더 자유롭게 행동해도 괜찮다는 생각이었다"는 게 세바스티안 씨의 주장이다. 모든 교회를 민주주의의 성지로 여길 필요는 없다고 이해하면 될 법하다. 기실, 민주화 운동에 기여한 한국의 교회, 성당, 사찰 역시 그중 일부일 뿐이다. 물론 당시 종교의 역할을 폄훼해서는 절대 안 되겠지만.

"분명히 (동독 내에서) 재통일을 주도한 이들 중 절반 이상이 교회나 환경단체에 속한 사람이었을 거예요. 동독 정부는 교회를 무력화하려 했지만, 1970년대 이후 경제가 어려워지고 소련의 지원도 떨어지자 정부의 힘이 약해졌죠. 그러면서 더 많은 사람이 교회나 환경단체에 몰렸어요. 이런 경험을 우리 자식 세대는 할 필요가 없었으니 다행이죠."(플뤼겔)

예나에서 만난 여러 사람과의 이야기를 통해 우리는 재통일 이전 동독의 모습을 간접적으로 엿볼 수 있었다. 이들은 한 체제가 붕괴하는, 보통 사람은 쉽게 경험하기 힘든 시기를 견뎌 내고 바뀐 세상으로 뚜벅뚜벅 걸어 나갔다. 가슴 한편에 묻어 뒀으리라 여겨지는 '그 시절'의 기억은 지금도 이들이 오늘의 세상을 바라볼 때 사용하는 창문이 된다. 동독이라는 독특한 체제를 겪은 이만이 가진, 일종의 트라우마일 수 있다. 이 기억을 그대로 버려서는 안 된다는 이들이 있다. 자신의 부모 세대와도, 서독에서 곱

게 자라난 이와도 자신이 다르다고 스스로를 규정한 이들은 '기억'을 공유하기 시작했다.

한국인? 석 달 만에 처음 만났어요

플뤼겔 씨의 부인은 한국인이다. 독일에서 호평을 받은 정유정 작가의 소설 《7년의 밤》을 독일어판으로 번역한 조경혜 씨다. 조 씨는 1996년 예나로 유학 왔고, 이후 지금의 남편인 플뤼겔 씨를 만나 가정을 꾸렸다. 베를린 장벽이 무너지고 나서 얼마 되지 않은 시점에, 서독 지역도 아닌 동독 지역에서 공부를 하겠다고 결심하게 된 이유가 궁금해졌다.

"1996년이면 재통일이 된 지 얼마 지나지 않았을 때였는데, 독문학을 공부하려고 알아보던 중 교수님이 '요즘에는 동독도 괜찮다'고 하셨어요. 서독 지역에도 지원하고 동독 지역인 라이프치히와 예나에 있는 대학에도 지원했는데 예나에서 가장 먼저 연락이 왔습니다. 그래서 입학허가서 들고 바로 오게 됐어요. 그때만 해도 한국 사람이 예나에 얼마나 있는지, 동독 상황이 어떤지는 생각도 못하고 그냥 짐 싸서 왔습니다. 지금 생각하면 정말 대책 없이 온 거죠.

예나에 도착해서 알게 됐는데, 이 도시에 당시 한국 사람이 5명 있었어요. 예나에서 생활하면서 첫 번째 한국인을 만나는 데 석 달이 걸렸습니다. 여름 즈음에 우연히 시내에서 한국말 하는 사람을 만났죠. 나중에 알게 된 건데 제가 예나에 도착했을 때 한국 사람 중

법학 공부하는 분이 세 분 계셨고, 어학 공부하는 분, 가족과 함께 사는 분 이렇게 계셨더라고요.

그런데 여기가 예전 동독 지역이다 보니 꼭 듣는 질문이 있었는데요. 제가 한국에서 왔다고 하면 대부분의 사람이 남한인지 북한인지를 물어봤어요. 어르신들 중에는 동독 시절에 북한 사람 많이 알고 지냈다는 분도 계셨고요. 사회주의권에 있었기 때문에 아무래도 북한 사람을 많이 만나 보셨던 것 같더라고요."

조 씨는 예나에 거주하면서 동서독 간 경제적 차이를 느낀 적이 제법 있다고 했다. 특히 서독 지역에 가면 동독 지역과는 다른 분위기를 실감한다고 말했다.

"예전 서독 지역은 확실히 동독 지역보다 여유가 있어 보였어요. 독일 기준으로 외국인도 훨씬 많았고요. 예나는 그나마 대학교가 있기 때문에 동독 내에서도 어느 정도 발전이 이뤄진 도시입니다. 상대적으로 다른 문화를 접할 기회도 있죠. 하지만 다른 동독 지역 도시는 여전히 경제적으로 좀 어려워요. 라이프치히만 해도 옛 동독 지역 중에서 주요 도시에 속하는데, 규모가 좀 있는 공장이 있는데도 수리할 수 있는 자본이 없다 보니 빈 건물로 남겨진 곳이 상당수 있습니다.

물론 예나도 재통일 전에는 도시 분위기가 조금 어두웠다고 해요.

그런데 재통일 이후에 낡은 건물을 수리하고 색을 칠하고 쇼핑센터가 들어서면서 밝아졌다고 합니다. 예나의 웬만한 건물은 재통일 후 다 수리했다고 보면 됩니다. 하다못해 페인트칠이라도 다 새로 했어요."

독일 재통일이 된 지 30년이 가까워 오지만 동서독 간 눈에 보이지 않는 장벽은 여전히 존재하는 것처럼 보였다. 곧 있으면 분단 100년이라는 시간표를 받아 들지도 모를 남북은 앞으로 어떤 관계를 설정해 나가는 것이 좋을까? 한반도 밖에서 남북의 분단을 보면 어떤 생각이 드는지 물어봤다.

"이곳에 남북 간 갈등 소식이 전해지면 여기 사람들이 한국보다 더 난리예요. 지난해(2017년) 북미 갈등이 심각할 때는 저도 걱정되더라고요. 독일 사람들이 '너희도 통일할 것 같으냐?'는 질문을 많이 하는데, 그럴 때마다 저는 어려울 것 같다고 답했어요. 우리는 전쟁을 했고, 분단 후 교류도 안 했잖아요. 이산가족도 이제 얼마 안 남았죠. 독일은 40년 분단 기간에도 TV로부터 시작해 통신으로 이어진 교류를 20년간 했어요. 이게 기반이 된 상황에서 국제 정세가 딱 맞아떨어질 때 통일했거든요. 이 사람들이 통일을 해야겠다고 계획하고 한 것은 아닙니다.

우리도 남북 교류가 먼저 이뤄져야 통일 이야기가 가능하지 않을까 싶습니다. 경제적인 문제보다 남북 이질화가 심각해졌다는 것이 가장 큰 문제 아닐까 싶어요. 남한은 문명과 변화에 너무 민감하고 북한은 너무 통제돼서 사실 극과 극이잖아요? 이 둘이 융화하려면 남북이 서로 개방하고 교류하는 것부터 시작해야 하지 않을까요?"

3
앤더스 씨 이야기

통일은
'움직이지 않는 이주'

독일 재통일은 동독의 젊은 세대에게 새로운 기회를 주었다. 그동안 특수한 사람에게만 한정됐던 '서방'으로의 여행이 가능해졌고, 대학 진학의 문이 동독 때와는 비교할 수 없을 정도로 넓어졌다. 이 때문에 재통일 당시 젊었던 이들은 대체로 재통일이 자신의 삶에 긍정적인 영향을 미쳤다고 본다.

그러나 동독의 모든 젊은 세대가 통일에 좋은 기억만을 가지고 있는 것은 아니다. 재통일 이후에도 삶에 별다른 변화가 없었던 서독 출신에 비해, 동독의 젊은 세대는 완전히 달라진 환경에 적응해야 했다. 재통일 이후의 혼란이 이들의 삶 구석구석에 녹아 있을 수밖에 없다.

힘겨운 적응의 시간을 거친 이들을 기다린 것은 '기억'의 문제였다. 재통일 이후 독일 사회의 주류인 서독 출신의 통일 기억은 동독 출신의 기억을 압도했다. 서독 출신 정치가들의 통일 노력이 회자됐고, 무능한 동독 독재 체제를 부순 상징으로서의 베를린 장벽 붕괴 장면만이 대중의 기억을 지배했다. 스스로 목소리를 내지 않는다면 동독 출신이 가지고 있던 통일 기억은 잊힐 수밖에 없고, 재통일 기록 자체가 왜곡될 수도 있었다.

이러한 문제의식을 가진 동독 출신의 젊은 세대, 즉 1976~1986년에 태어나 10~20대에 베를린 장벽 붕괴와 재통일을 겪은 이른바 동독의 '제3세대(Dritte Generation)'가 모이기 시작했다. 이들은 지난 2010년 '세제곱관점(Verein - Perspektive3)'이라는 사회 문화단체를 만들어 자신이 가지고 있던 재통일의 기억을 나누고, 동독의 관점과 서독의 관점, 그리고 유럽의 관점에서 재통일 문제를 다시 바라봐야 한다고 제안했다.

우리는 이 단체의 창립 멤버인 동독 출신의 유디트 앤더스(1976년생) 씨를 만나 동독 출신 젊은이가 어떻게 재통일 사회에 적응했는지에 관한 이야기를 들어 봤다. 더불어 여전히 사회의 비주류 취급을 받고 있는 동독 출신이 어떻게 독일 사회에 자리매김해야 할지에 대한 의견을 나눴다.

우리에 갇힌 동물이 된 기분

앤더스 씨는 1976년 구 동독 지역인 라이프치히의 남쪽에 위치한 알텐부르크(Altenburg)에서 태어났다. 세 살 때까지 그곳에서 살다가 베를린 북쪽에 위치한 비트슈톡(Wittstock)이라는 작은 도시로 이주했다. 재통일 이후에는 마르부르크(Marburg)라는 예

59

전 서독 지역의 도시로 이사했다. 하지만 그곳에서의 생활은 쉽지 않았다. 결국 1년 만에 그는 베를린으로 돌아왔다.

서독 지역으로 이사했을 당시 앤더스 씨는 한국의 고등학교 2학년에 해당하는 김나지움 11학년이었다. 그는 서독 지역의 학교에서 '동물원에 갇힌 동물'이 된 기분을 느꼈다고 이야기했다. 서독 출신 아이들이 동독 출신인 자신을 특이하게 쳐다봤다고 당시를 회고했다. 800명 정도의 학생이 다녔던 그 학교에 동독 출신은 앤더스 씨를 포함해 단 3명밖에 없었다. 서독 출신이 보기엔 동독 출신의 앤더스 씨가 신기하게 보였을 것이다. 마치 우리가 여전히 북한 이탈 주민을 신기한 눈으로 바라보는 것처럼. 앤더스 씨는 존재하는 것만으로 차별의 대상이 돼 버린 것이다.

"학교에 갔는데 배우는 과목이 동독 시절이랑 너무 달랐어요. 동독에서는 주로 사회과학이나 자연과학을 배웠고 언어는 많이 배우지 않았는데, 그곳 학교에서는 영어, 프랑스어를 중요하게 가르치고 있더라고요. 저희가 그간 배운 외국어라고는 러시아어가 전부였는데 말이죠.

서독 친구들은 동독을 잘 알지 못했어요. 심지어 동독이 무엇인지 들어 본 적이 없는 친구도 있었어요. 동독 출신인 우리에게 재통일은 모든 것이 바뀌는 경험이었지만, 서독 친구에게는 아무것도 아니었음을 깨달았죠. 서독 친구들은 TV를 통해 베를린 장벽이 무너지는 것을 보았을 뿐, 이게 그들의 인생에 있어서 아무런 전환점도 아니었어요. 동독 출신과 너무 달랐던 거죠. 이렇다 보니 서독 친구들이 저의 말을 이해한다는 생각이 들지 않았고 학교 내에서 소외감도 들었어요.

그렇다고 제가 대놓고 따돌림을 당하지는 않았어요. 동독 출신인 저에게 좋은 의미의 호기심을 가지는 서독 친구들도 있었고, 이 친구들과 같이 어울리기도 했어요. 하지만 모든 것이 새로운 저에게는 서독 출신 친구들의 무관심 자체가 상처였어요."

남북한의 사례 역시 비슷하다. 북한 이탈 청소년 상당수가 남한 학교 적응에 어려움을 겪는다. 모든 것이 예민한 사춘기 학생으로서 한국에 입국한 아이라면, 기초 사용 용어부터 정규 교과 과정까지 모든 것이 다른 환경을 이겨 내야만 한다. 존재 자체가 곧 상처가 된다. 더구나 대부분 이탈 청소년은 중국 불법 체류 시 학업을 중단했다. 하나재단에 따르면, 2018년 기준 이탈 청소년 72.1%가 남한에 들어오기 전 제3국에 체류할 당시 학교에 다니지 않았다. 애초에 남한에서 태어난 청소년과 경쟁이 쉽지 않은 구조다. 적지 않은 이탈 청소년이 대안학교를 찾거나, 학업을 중도 포기하는 이유다. 2018년 현재 이탈 청소년의 13.3%가 대안학교에 재학 중이다. 교육부에 따르면 2017년 현재 인가 대안학교(특성화학교, 위탁형 대안학교) 재학생 비율은 전체 초중고교 재학생의 0.05% 수준이다. 대안학교 대부분이 비인가 학교이지만, 이 점을 고려하더라도 이탈 청소년의 대안학교 재학 비율이 월등히 높다. 재통일 직후 동독 출신의 어린아이 모두가 이 같은 환경에 처했다.

베를린 장벽 붕괴 20주년, 서독의 기억만 남았다

앤더스 씨가 세제곱관점 창립을 결심한 계기는 2010년 베를린 장벽 붕괴 20주년을 기념해 제작된 TV 프로그램이었다. 서독 출신 사람들이 나와 재통일을 이야기하고 있었다. 동독 출신의 힘겨웠던 재통일 경험은 '없는 것'이 됐다. 동독 출신인 자신의 경험과 너무나 다른 이야기가 펼쳐지고 있었다. '서독 남성 위주의 시각'으로 재해석된 재통일 이야기는 앤더스 씨에게 그저 불편한 경험일 뿐이었다. '이건 아니'라는 생각이 그 순간 들었다.

"방송을 본 뒤에 우리가 장벽 붕괴와 재통일 문제를 어떻게 바라봐야 하는지를 정리해야 한다는 사실을 깨달았어요. 지금 동독이 직면한 문제를 우리의 관점으로, 우리의 목소리로 세상에 들려줘야 한다는 생각이 들었어요. 저와 같은 문제의식을 가진 6명의 동독 출신 친구와 2명의 서독 출신 친구가 모여서 동독 출신의 많은 젊은 층이 서독에 가서 교육을 받는 문제, 동독에 아무도 남지 않는 문제, 미래 동독은 과연 어떻게 발전할 것인가의 문제 등을 우리의 관점으로 이야기하고 싶었어요."

그렇게 '세제곱관점'이 탄생했다. 독일의 재통일을 동독의 관점과 서독의 관점, 그리고 유럽의 관점에서 바라봐야 한다는 문제의식을 담아 단체 이름을 지었다. 한편 여기에는 과거, 현재, 미래의 관점에서 재통일 문제를 바라봐야 한다는 의미도 담겨 있다. 이 '관점의 다양성'을 강조한 이들은 스스로를 '제3세대 동독

62

인'으로 지칭했다.

여기서 '제3세대'란 재통일 당시 청소년기를 보낸 이들이 스스로를 이전 세대와 통일 후 세대는 물론, 동시대의 서독 청년 세대와도 구분하기 위해 만든 명칭이다. 이들은 베를린 장벽 붕괴를 유년기에 경험했기에 동독 체제에 깊이 연관되지는 않았다. 따라서 공산 독재 가치에 깊이 얽힌 부모 세대와 달리 이들은 동독 체제로부터 자유롭다. 그러나 한편으로 이들은 공산 독재를 전혀 경험하지 않은 동년배 서독 출신은 물론, 밀레니얼 세대와도 구분되는 정체성을 지녔다. 이 같은 이중성은 이들에게 독특한 지위를 부여했다. 강릉원주대학교 이동기 교수의 2016년 논문에 따르면 이들은 재통일 후 보이지 않는 차별화된 구조 속에서 스스로에게 동독 정체성의 일부를 새롭게 각인시키고 있다. 경험하지 않은 동독 체제를 그리워하는 현상이 발견된다는 의미다. 오스탈기(Ostalgie, 동독 향수) 현상과 구 동독 상품 소비 풍조가 젊은 층에서도 나타난다는 건 흥미로운데, 이 같은 현상은 통일을 준비하는 한국에도 시사하는 바가 있다.

세제곱관점을 만든 이후 앤더스 씨와 사람들은 2011~2012년에 걸쳐 '(젊은) 세대의 자기 발견과 기성세대와의 커뮤니케이션(Selfdiscovery of a generation and communication to the older generation)'이라는 이름의 컨퍼런스를 열었다. 1976~1986년에 태어난 동독 출신의 '제3세대 동독인(Dritte Generation Ostdeutschland)'이 실제로 존재하는지, 그리고 이들이 장벽 붕괴와 재통일을 어떻게 바라보는지 알기 위한 컨퍼런스였다. 반응이 상당히 좋았다. 이 컨퍼런스에 150명 정도가 참가했는데, 이들은 그동안의 침묵에서 벗어나 드디어 자신의 이야기를 할 수 있는 계기가 마련됐다고 입을 모았다. 이 컨퍼런스는 재통일 이후 동독 출신 제3세대의 목소리가 조명된 사실상 첫 사례였다. 그간 스피커가 없어 침묵했던 이들이 스스로 스피커가 된 것이다.

"이 컨퍼런스는 베를린에서 했는데, 사실 베를린은 동서 접촉이 많았던 곳이라 지방의 다른 지역과는 좀 차이가 있었어요. 그래서 지방에 살고 있는 동독 출신 청년은 어떤 생각을 하고 있을지 알아보기 위해 버스로 투어를 시작했어요. 열흘 동안 각 지역 버스 터미널에서 동독 출신 청년을 만나 대화하고 서로 생각을 나누는 시간을 가졌습니다."

세제곱관점에서 진행한 버스 투어 안내 사진 ⓒ유디트 앤더스

동독 출신이기 때문에 가지는 수치심

앤더스 씨가 동독 출신자의 이야기를 듣기 시작한 때는 베를린 장벽이 무너진 지 20년이나 지난 2010년이다. 이를 뒤집어 생각해 보면, 재통일이 20년이 지나는 시간 동안 동독 사람의 재통일 경험은 독일 사회 내에서 공론화되지 못했다는 뜻이기도 하다. 왜 동독 출신자는 자신의 이야기를 꺼내지 못했을까?

앤더스 씨는 세제곱관점의 활동은 동독 출신 청년이 "자신의 과거를 이야기하는 것에 대한 수치심과 부끄러움을 없애고, 동독 출신이면 가지고 있는 죄책감과 같은 감정을 극복하기 위한 프로젝트"라고 말했다. 바꿔 말하자면 많은 젊은이가 동독 출신이라는 이유로, 즉 존재한다는 이유만으로 가진 수치심, 부끄러움, 죄책감 때문에 그간 자신의 경험을 이야기하지 못했다는 것이다.

"동독에서는 전반적으로 재통일을 부끄럽게 생각합니다. 통일을 통해 자기가 가지고 있던 모든 것을 잃어버리고 이른바 '제2의 시민'이 되었다는 이야기를 들었기 때문이죠. 특히 나이가 많으신 분은 본인이 무엇인가 잘못했기 때문에 동독이 망했다고 생각합니다. 동독 사회에서 소위 '잘나가던' 사람도 재통일 이후 자신이 가지고 있던 것을 내려놓고 무엇인가를 새롭게 시작해야 하는 상황이었습니다. 자본주의 사회 적응 역시 쉽지 않았고요. 저는 그래서 동독 출신자는 '움직이지 않은 이주민'이라고 생각합니다."

동독 출신자의 이 같은 인식은 이들의 자녀인 동독 출신 젊은 세대에게도 영향을 미쳤다. 여기에 동독과 서독의 차이로 인해 생기는 동독 출신의 자괴감도 더해졌다.

"동독이 서독에 비해 기술적으로 뒤떨어지기도 하고, 발랄하고 활발한 서독의 이미지와 반대로 동독은 칙칙하고 재미없다는 이미지도 있습니다. 막연히 '그곳은 위험하다'며 신연방주를 방문조차 하지 않으려는 서독 출신 사람도 많습니다. 서독에서 생각하고 있던 동독에 대한 이러한 부정적인 이미지가 동독 사람에게 반영되면서 동독 출신은 스스로 '뭔가 뒤떨어진 사람 같다'고 느끼게 됐죠. 구동독 태생이라는 이유만으로 잘못을 저지른 이가 돼 버린 겁니다. 서독 출신은 동독 출신이 스스로 힘을 얻고 일어서는 것을 지원해주기보다는 측은한 눈빛으로, 위에서 아래로 내려다보는 경우가 많습니다. 아마 남한 사람이 북한 사람(북한 이탈 주민)을 바라보는 시각과 비슷하리라고 생각합니다."

물론 모든 동독 출신이 이런 자괴감을 느끼고 있는 건 아니었다. 앤더스 씨에 따르면 동독 출신은 크게 두 부류로 나눌 수 있다. 재통일 이후 동독 밖으로 활발히 진출한 사람과 본인이 원래 살던 지역에 남아 있는 사람이다. 새로운 세상에 적극적으로 적응하려 한 이와 갑자기 열린 세계의 위력에 두려움을 느끼고 침잠해 버린 이로 구분할 수 있다.

"지역에 남아 있는 동독 출신은 동독 밖으로 나갈 기회를 가지지 못했고, 부모님도 이를 도와줄 수 있는 상황이 아닌 경우가 많습니다. 서독 지역 사람을 만나 본 적도 별로 없죠. 베를린의 경우 전 세계가 찾는 도시이기 때문에 그곳 사람은 본인이 원하는지 여부와는 상관없이 다른 세계의 사람을 만나야만 합니다. 그런 과정에서 개인 삶의 변화, 생각의 변화가 일어날 수 있죠. 하지만 다른 동독 지역에 남아 있는 사람은 본인이 밖으로 나가지 않으면 다른 세계의 사람을 접할 수 없습니다. 결국 동독 출신이 가진 수치심, 죄책감을 청산하는 것이 필요한데, '생애사' 관점에서 보자면 20~30년이 지나야 트라우마에서 벗어나 자신을 되돌아보게 된다고 합니다. 그래서 이러한 문제가 지금 독일에서는 중요한 주제로 대두되고 있습니다."

흥미로운 것은 이렇게 지역에 남아 있는 사람 중에 유독 남성의 비율이 높다는 점이다. 동독 당시에 '카를 마르크스의 도시'라는 뜻의 '카를 마르크스 슈타트'라고 불리며 전성기를 누렸던 켐니츠 시의 경우 현재는 경제적으로 쇠락했는데, 이 도시가 독일 극우 시위의 중심이 된다. 혐오 시위에 참여하는 사람들의 성비를 보면 남성이 유독 많다.

"남성이 고향에 유독 많이 남은 이유는 저도 솔직히 잘 모르겠어요. 다만 동독 사회가 어땠는지를 살펴보면서 추정할 수 있습니다. 동독 사회에서는 여성의 지위가 상대적으로 높았습니다. 대부분의 여성이 직업을 가지고 있었기 때문에 경제적으로 아버지나 남편에 의존하지 않았죠. 여성 해방이나 남녀평등을 이론적으로 말하는 게 아니라, 실제로 현실에서 가능했기 때문에 동독 출신 여성이 상대적으로 활동적이었던 것이 아닐까 생각하고 있습니다."

메워야 할 간극

올해로 베를린 장벽이 무너진 지 30년이 됐지만 독일 사회에서 동서독의 차이는 여전하다. 경제적인 차이뿐만 아니라 사회·문화적인 차이, 독일 사회를 바라보는 인식 등 동서독 간 메워야할 간극은 작지 않다. 이 차이를 메우는 것은 특정한 일방의 노력으로는 불가능하다. 앤더스 씨가 '세제곱관점'으로 독일의 재통일을 이야기해야 한다고 강조하는 이유다.

"동독 사람이 가지고 있는 정체성 문제에 대해 서독 태생자도 함께 책임을 져야 한다고 생각합니다. 시민 교육이나 정치 교육을 통해 서로에 대한 이해를 높여야 합니다. 이건 마치 연인관계와 비슷한 것 같아요. 지금의 독일은 과거에 함께했다가 헤어짐을 겪었고, 시간이 흘러 다시 만난 거잖아요? 이런 상황에서 우리가 상대의 감정을 어떻게 이해할지가 중요합니다. 또 미래에 우리가 어떻게 살아야 할지도 생각해야 하고요.

세대 간에도 이해가 필요합니다. 부모와 자식은 각자의 경험이 다르기 때문에 서로의 생각을 나눠야 합니다. 저는 2010년 세제곱관점 활동을 시작하면서 저의 정체성을 긍정적으로 계발해 낼 수 있었습니다. 처음에 내가 누구인지를 바라보는 것이 굉장히 불편했지만, 그 과정에서 과거도 생각하고 미래도 함께 바라보면서 정체성

68

을 확립할 수 있었습니다. 저는 지금 동독이나 통일 독일인의 정체
성보다는 유럽인으로서의 정체성을 가지고 있습니다."

독일과 한반도 분단은 다르다. 동서독은 전면전을 치르지 않
았고, 분단의 역사도 훨씬 짧다. 그런데도 동서독 사이의 차이는
상당했고 통일 이후 30년이 지난 지금까지도 진정한 통일을 위한
작업은 계속되고 있다. 통일의 차원에서만 보자면 동서독보다 훨
씬 불리한 여건에 있는 남북은 어떻게 해야 서로를 이해할 수 있
을까?

"가능한 한 편견 없이 열린 마음으로, 서로 호기심을 가지고 만나길
바랍니다. 서로 심리적으로 견제하면서 '이렇게 하면 어려움이 있겠
지'라고 생각하기보다는 서로의 이야기를 들어 보면서 '이렇게 대화
하면 지금보다 더 나아지겠지'라고 긍정적인 미래를 전제로 교류하
면 좋을 것 같습니다. 한편으로는 예전에 서로 하나였다는 점을 상
기하면 더 좋을 테고요."

(통역 : 한정화)

동독을 팝니다

서독이 동독을 흡수하면서 동독의 물건들 역시 폐기처분되거나 서독의 것으로 바뀌어 갔다. 재통일이 30년 가까이 지난 2018년 베를린에서 동독의 흔적을 찾기는 쉽지 않다. 이러한 희소성 때문일까? 옛 동독은 오늘날 신기한 '상품'이 되어 베를린 시내 곳곳에 진열됐다. 동독의 독재 이미지, 공산 국가 이미지가 새로운 관광 상품이 돼 자본주의 체제에서 소비된다.

과거 소련이 지배하던 동베를린과 미국, 영국, 프랑스 등 연합군이 지배하던 서베를린 사이에는 여러 개의 검문소가 있었다. 그중 미군이 관할한 검문소였던 '체크포인트 찰리'는 현재까지 여행객들의 발길이 끊이지 않는 관광명소다. 이곳에는 동독의 국기, 동독 군인들의 모자와 군복, 훈장, 소련 국기 등 옛 사회주의권을 떠올리게 하는 물건을 판매하는 가게가 곳곳에 자리하고 있다.

체크포인트 찰리에서 베를린 장벽이 일부 남아 있는 '테러의 토포그래피 박물관'으로 가다 보면 동독 시절 '국민차'로 불렸던 트라반트를 여러 대 전시해 놓은 가게를 볼 수 있다. 이곳에서 일정 금액을 지불하면 트라반트를 대여할 수 있다. 실제 베를린 시내 곳곳에서 도로를 달리는 트라반트를 자주 볼 수 있다.

동독의 상징을 물건으로 만들어 파는 가게도 있다. 대표적인 사례가 독일 신호등 캐릭터인 '암펠만'과 관련된 물건을 파는 '암펠만 숍'이다. 암펠만은 동독에서 만들어진 신호등 캐릭터다. 재통일 초기에 없어질 위기에 처한 암펠만은 1995년 디자이너인 마르쿠스 헥하우젠이 이를 재발견했고, 이후 독일 정부는 1997년 옛 동베를린 지역의 신호등을 그대로 두기로 결정했다. 암펠만이 이렇게 생존할 수 있었던 이유는 옛 동독에 대한 향수 때문이기도 하겠지만, 결정적으로 암펠만이 누가 봐도 '귀엽다'는 생각이 들 정도로 호감을 주는 캐릭터이기 때문이기도 하다.

암펠만 숍.

Photo by John Simitopoulos on Unsplash

BERLINER MAUER 1961 - 1989

2장 ◆ 통일은 여전히 진행 중

독일 재통일은 완성되지 않았다. 베를린 장벽 붕괴는 시작이었을
뿐이다. 하나의 국가가 만들어지고, 체제가 통일되고, 정치 제도와 경제
시스템이 하나가 되었지만 사람들은 여전히 동서로 갈라졌다. 2018년
10월 3일, 앙겔라 메르켈 독일 총리는 독일 재통일 28주년 기념행사에서
"통일은 아직 완성되지 않았다. (동서 독일인이) 서로 접근하고 상대방의
목소리에 귀 기울여야 통일은 성공할 수 있다"고 언급했다. 사회적
타협이 제대로 이뤄지지 않는 한, 여전히 동서로 갈라진 사람들의 골을
메울 수는 없다는 뜻이었다.

앞으로 이야기할 네 가지 사례는 동서 독일에 여전히 남은 재통일의
상흔을 환기케 할 것이다. 이들의 이야기로부터 오늘 독일이 당면한,
재통일로부터 비롯한 문제를 살펴본다.

(인터뷰이)
- 볼프강 볼크홀츠(Wolfgang Volkholz, 1947년생)
- 빌프리드 랑(Wilfried Lang, 1951년생)
- 볼프강 빔머(Wolfgang Wimmer)
- 안드레아 오마지치(Andrea Omasics, 1957년생)
- 울리케 아우가(Ulrike Auga, 1965년생)
- 카를 하인츠 리히터(Karl-Heinz Richter, 1946년생)
- 요헨 알렉산더 프라이당크(Jochen Alexander Freydank, 1967년생)
- 디르크 힐베르트(Dirk Hilbert, 1971년생)

1

칼 자이스 스토리

나라가 분단되자
회사도 분단됐다

앞선 이들의 이야기에서 칼 자이스가 지속적으로 등장했다. 칼 자이스는 렌즈 기술로 유명한 회사다. 의료용 렌즈, 현미경 렌즈, 안경 렌즈, 카메라 렌즈, 천체투영관 등에서 세계 최고 수준의 경쟁력을 가졌다. 동서독 분단과 재통일을 이해하기 위해 이 회사의 특별한 역사를 짚어 볼 필요가 있다.

1846년, 독일 튀링엔 주의 도시 예나에서 카를 차이스가 자신의 이름을 딴 광학회사 칼 자이스를 설립했다. 회사는 1866년 대학 교수였던 물리학자 에른스트 아베(Ernst Abbe)의 참여, 1884년 화학자 프리드리히 쇼트(Friedrich Otto Schott)의 참여로 본격적인 성장의 길을 걷기 시작했다. 카를 차이스 사망 후 둘은 아베의 주도 아래에 단독 주주의 횡포를 막고자 칼 자이스 재단을 설립, 지금의 칼 자이스 지배 체제를 만들었다. 재단은 당시로는 급진적이었던 하루 8시간 노동제, 풍부한 휴가제 등을 회사에 도입했고, 종신 고용 모델에 기반을 둔 연구자 중심 기업 체제를 완성, 예나의 프리드리히 실러 대학과 함께 산학 협력 기반을 다졌다.

2차 세계 대전으로 비극이 시작됐다. 히틀러의 압력 아래에서 군사용 렌즈를 보급하던 칼 자이스의 예나 공장을 1945년 4월 13일, 미 육군 80보병사단이 점령했다. 튀링엔 주는 소련의 점령 지대였지만, 예나만은 달랐다.

미군은 칼 자이스 이사진을 포함한 핵심 임직원 77명을 서쪽 미군 점령 지대인 하이덴하임(Heidenheim)으로 빼돌렸다. 중요 기술 기업인 칼 자이스를 소련에 빼앗길 수 없다는 판단으로 내린 결정이었다. 하이덴하임은 지금 칼 자이스 재단이 자리한 곳이다. 미군보다 한발 늦은 1945년 12월 31일, 소련은 예나를 비롯해 동쪽에 남은 칼 자이스를 당의 자산으로 압류했다.

1946년 10월, 서쪽으로 강제 이주된 칼 자이스 임원진은 오버코헨(Oberkochen)에 '자이스 옵톤 광학공업 오버코헨 유한책임회사(GmbH)'를 설립했다. 이듬해 회사명은 '칼 자이스'로 변경됐다. 1948년 6월, 소련은 예나에 남은 칼 자이스 재단을 인수하고 동쪽의 칼 자이스를 '콤비나트 인민기업(VEB) 자이스 예나'로 국영화했다. 이로써 독일이 갈라지듯, 기업도 동서로 나뉘었다.

체제가 갈등하듯, 한때 한 몸이었던 기업도 냉전의 소용돌이에 휘말렸다. 냉전 시기 두 회사는 자신이 아베가 만든 회사의 적통임을 입증하려 국제 무대에서 싸웠다. 싸움은 법정으로까지 이어졌다. 1970년대 데탕트의 시기, 두 회사도 휴전했다. 이후 재통일이 왔다. 둘로 갈라진 기업을 한 몸으로 만들면서 엄청난 규모의 노동자 해고라는 산을 넘어야 했다.

칼 자이스는 독일의 분단 — 재통일 역사를 상징한다. 이윤을 따라 움직이기 마련인 기업사에서 찾기 쉽지 않은 이야기다. 필자들이 이 회사에 주목한 이유다. 필자들은 칼 자이스 역사를 상징하는 예나에서 동독 콤비나트 시절을 기억하는 이들을 만났다.

지금은 은퇴한 전 임원진인 볼프강 볼크홀츠(1947년생) 씨와 빌프리드 랑(1951년생) 씨, 그리고 현재 칼 자이스 기록보관소에서 근무하는 볼프강 빔머 박사가 그 주인공들이다. 볼크홀츠 씨는 지난 1971년 자이스 예나에 입사해 2006년 (통일된) 칼 자이스 유한회사의 임원까지 승진한 후 2012년 은퇴했다. 랑 씨는 1974년 자이스 예나에 입사해 2005년 칼 자이스 부회장까지 올랐고, 2016년 은퇴했다. 랑 씨는 한국을 방문한 적도 있다.

셋 중 유일하게 서독 출신인 빔머 박사는 1993년 베를린에서 독일 의약품산업사 박사 학위를 취득한 후 1996년 칼 자이스 기록보관소에 입사했다. 회사 역사를 정리한 책《같은 사람끼리 모이기 마련(Birds of a Feather)》의 책임편집자다.

한 가족이 적으로

동서 칼 자이스의 충돌은 1948년 본격화했다. 같은 해 7월 30일, 오버코헨의 칼 자이스는 재단 주소지를 예나에서 하이덴하임으로 이전하겠다며, 도시가 소재한 서독 뷔템베르그 — 바덴 주 정부에 승인을 요청했다. 이제 칼 자이스는 서쪽에만 있다는 뜻이었다. 예나의 VEB 자이스는 발끈했다. 오버코헨 칼 자이스와 동독 국가통상기관(DIA)의 긴 싸움이 시작됐다. 1954년 2월 12일, 결론이 났다. 서독 괴팅겐 지방재판소는 VEB 자이스 예나가 칼 자이스 명칭과 상표를 사용해서는 안 된다고 판결했다. (소비에트 국영기업이 된) 예나의 칼 자이스는 이제 가짜라는 뜻이다. 싸움은 국제전으로 번지게 됐다.

> **"분단 당시는 두 기업이 적대적이었어요. 천문관측기 분야뿐만 아니라 현미경, 의료기기 등 모든 부문에서 동서 자이스가 경쟁했죠. 아마 세계에서 유일무이한 사례이지 않을까 싶어요."**(볼크홀츠)

1965년, 영국 런던에서 동서 칼 자이스가 맞붙었다. 6년에 걸친 법정 싸움 끝에, 동서는 겨우 타결안을 냈다. 1971년 4월 27일, 런던 고등법원에서 오버코헨의 칼 자이스(이하 오버코헨)와 VEB 자이스 예나(이하 예나)는 △예나가 미국을 비롯한 서방 국가에 제품을 판매할 시 '칼 자이스' 브랜드 대신 '예놉틱(Jenoptik)'을 사용하고 △오버코헨은 코메콘(COMECON) 국가에서 제품을 판매할 때 '옵톤(Opton)' 브랜드를 사용하며 △비 서방 유럽 국가와 아시아, 아프리카, 미국을 제외한 아메리카에서는 동서 자이스가 '칼 자이스' 브랜드를 함께 사용하되, 소비자가 동서 제품 생산지를 명확히 구별 가능하게끔 보충설명서를 첨부한다는 내용의 이른바 '런던 협정'에 동의했다. 상대의 존재를 상호 인정하면서 갈등을 겨우 봉합한 것이다. 뒤늦게 임원진으로만 꾸려진 기업으로 재출발한 오버코헨의 사실상 승리였다고도 볼 수 있다.

이제 동서 자이스는 각자의 길을 걷게 됐다. 동쪽은 비대해졌다. 1980년대 중반 들어 일본산 제품이 글로벌 시장을 잠식하기 시작했다. SED는 글로벌 경쟁력 강화를 위해 예나와 드레스덴(Dresden)에 흩어진 연구센터를 통합, 예나에서 연구부터 제품 생산에 이르기까지 전 과정을 한 번에 소화하는 대형화 전략을 택했다. 이로써 VEB 자이스 예나의 노동자 수는 도합 6만 명까지 불어났다. 예나 인구가 10만 명을 겨우 넘을 때였다. 예나가 사실상 칼 자이스였다.

재통일의 여파

이처럼 조직이 비대해진 상황에서 재통일이 닥쳤다. 본래 하나였던 두 기업이 다시 하나가 되기 위한 협상에 돌입했다. 1990년 5월 29일, 동서 자이스는 재단 통합을 선언하고 독일 각지에 흩어진 칼 자이스 오버코헨, VEB 자이스 예나, 쇼트 유리 마인츠, VEB 예나 유리 등 4개 기업을 빠른 시간 안에 하이덴하임의 칼 자이스 재단 아래에 통합키로 결정했다. 준비 과정으로 국영 기업이었던 VEB 자이스 예나는 1990년 6월 29일, '칼 자이스 예나 GmbH'로 전환됐다. 곧바로 구조조정이 시작됐다.

통합은 쉽지 않았다. 당시 서독의 동독 흡수 상황을 잠시 살펴볼 필요가 있다. 1990년 5월 18일, 동서 마르크화가 1 대 1 비율로 통합됐다. 이어 신연방주의 VEB들은 전부 새로운 조직 독일신탁청(Treuhand) 재산이 되었다. 이로써 신탁청은 약 400만 명의 노동자 목줄을 쥔 4만5,000개 국영 기업의 주인이 되어, 이 기업들의 민간 자본 매각을 담당하게 됐다. 칼 자이스 예나의 소유주도 신탁청이 되었다. 칼 자이스 예나는 다시 '예놉틱 칼 자이스 예나 GmbH'로 사명을 변경했다.

그런데 당시 동서 마르크화의 적정 환율 기준은 약 1(서) 대 4(동)였다. 이를 무리하게 1 대 1 비율로 통합한 게 화근이었다. 안 그래도 국영 기업 특성상 비대한 조직의 동쪽 기업들 자산 가치는 일제히 곤두박질쳤다. 민간 자본이 경쟁력을 잃은 동쪽 기업을 인수하려 할 리 없었다. 그사이 5만여 명이던 칼 자이스 예나의 직원은 이미 2만7,000여 명으로 줄어들었다. 노동자 절반이 일자리를 잃었다는 뜻이다. 정리해고는 아직 끝나지 않았다.

1990년 11월 22일, 칼 자이스 통합 컨설팅을 맡은 보스턴 컨설팅 그룹의 조사 결과가 나왔다. 하이덴하임과 예나로 나뉜 재단을 통합하고, 예나의 자이스 노동자 수는 2만7,000명에서 1만200명으로 더 줄여야 한다는 게 핵심이었다. 남은 인력의 절반 이상을 또 줄이는 가혹한 구조조정안이었다. 1991년 말까지 예나 전역에서 2만여 명의 자이스 노동자가 길거리로 나와 해고 반대 시위를 이어 갔다.

1991년 6월 11일, 마침내 통합 방침 결론이 나왔다. △칼 자이스 재단 본거지는 하이덴하임에 두고, 예나의 재단은 예나 지역 자이스 부동산 자산만을 관리하는 에른스트 아베 재단으로 전환하는 한편 △예놉틱 칼 자이스 예나를 임직원 7,400명의 '예놉틱 GmbH'와 2,800명의 '칼 자이스 예나 GmbH'로 분할하며 △

나머지 2만여 명은 해고한다는 방안이었다. 이로써 진통 끝에 하나였다 둘이 된 회사가 다시 하나가 되는 방안이 마련됐다. 사업 부문별로 보면, 예나에는 천체투영관과 의료장비, 현미경 사업을 남겼고, 그 사이 새로 시작한 반도체 사업을 비롯해 나머지는 전부 서쪽으로 일원화했다.

정리해고

이 고통스러운 정리해고는 어떤 기준으로, 어떻게 이뤄졌을까. 필자들과 만난 이들은 모두 정리해고에서 살아남았다. 이들이 알려 준 정리해고 기준은 우리에게 큰 시사점을 준다.

"동독 시절에는 예나에서 부품부터 조립까지, 모든 걸 다 했어요. 그래서 서쪽 기준으로 보면 직원이 아주 많았죠. 재통일 후 둘을 하나로 합치려다 보니 정리해고는 불가피하다는 판단이 내려졌어요.

정리해고가 결정된 후 가장 큰 고민이 '누가 떠날 것이냐'였죠. 사회적 요소와 전문적 지식, 두 가지를 주된 기준으로 잡았어요. 예를 들어 두 사람의 나머지 조건이 동일하다면 둘 중 더 어린 사람을 해고했어요. 나이가 찬 사람은 새로운 직장을 잡기 어려우니까 회사가 함께하기로 했죠. 같은 방식으로 1명은 맞벌이를 하고 1명은 남편만 일을 한다면, 맞벌이하는 사람을 해고했어요. 아이가 몇 명 있는지도 고려했죠. 저의 경우 영어로 의사소통이 가능했고, 과거 업무 특성상 세계 곳곳을 돌아다닌 경험이 있어 살아남았어요.

아주 고통스러운 전환이었죠. 사회주의 체제의 기업을 어떻게 자본주의 체제에 적합하게끔 하느냐를 아는 이는 당시 세계에 없었으니까요."(볼크홀츠)

"독일의 노동 관련법에 노동자를 함부로 해고하는 걸 막는 여러 조건이 명시되어 있어요. 하지만 사람을 존중하는 건 칼 자이스의 전통이기도 해요.

에른스트 아베가 칼 자이스에 들어온 후, 칼 자이스는 사회를 개혁하는 기업이어야 한다는 생각이 조직 문화가 됐어요. 이런 전통이 동독 시절에도 끊어지지 않았죠. 정 노동자를 해고해야 하는 상황이 온다손 쳐도, 기업 외적 변수까지 고려했어요.

예를 들어 2008년 금융위기 당시, 칼 자이스는 다시금 노동자를 해고해야 하는 상황에 처했어요. 세계 여러 기업이 그랬듯이요. 당시 자이스는 직원들이 자발적으로 급여를 13% 줄이고, 임원은 25%를 줄이는 대신 해고를 하지 않기로 결정했어요. 그 결과 1년 후 경기가 회복되자 이들은 줄어든 급여를 되돌려 받을 수 있었죠."(랑)

칼 자이스는 여러모로 특이한 기업 모델이다. 지난 2004년 재단이 유일 주주인 주식회사 체제로 지배 구조를 전환했지만, 그전까지는 각 유한책임회사가 (엄밀히 말해 글로벌 기업 경쟁과는 관련 없는) 재단의 결정에 따르는 집단 기업 모델이었다. 특정인의 기업

자산 지배를 탐탁지 않게 본 아베의 결정이었다. 되도록 임직원이 정년까지 근무하는 전통 역시 아베 시대의 유산이다. 전문 경영인보다 기술자를 더 우대하는 문화 역시 100년이 넘었다. 칼 자이스 역사를 이야기할 때 창업자보다 아베의 이름이 더 거론되는 까닭이다.

두 임직원과 달리 독일 재통일 후 회사에 합류했고, 제조 업무가 아닌 기업 역사를 정리하는 업무 담당자인 빔머 박사가 이같은 모델의 장단점을 한발 떨어진 거리에서 정리했다.

"'아베 정신'은 비록 칼 자이스가 기업임에도, 모든 것을 학문화해야 한다는 데서 출발합니다. 기술적으로 좋은 제품이라면 시장성을 따지지 않고 일단 생산하고 보는 풍토가 있기도 했습니다. 이 같은 정신이 분단 시기에도 동서 양측에 이어졌습니다. 1980년대에 일본산 제품에 밀릴 당시 동서 자이스가 (일단 좋은 제품이라 판단하면 만들고 보는) 같은 실수를 범했다는 점은 이 같은 관점에서 흥미롭습니다.

동독 시기 예나에서 아베를 공격하는 시도가 있었습니다. SED의 입장에서 아베는 어쨌든 자본가였으니까요. 하지만 예나의 노동자 중 동의한 이는 거의 없었습니다. '당이 아베를 오해하고 있다'는 반발이 거셌죠. 1970년대가 지나며 결국 SED는 아베 정신과 일종의 타협을 시도했습니다. 1989년에 SED가 만든 아베 전기 영화가 나오는데, 이 영화에서 아베는 못된 자본주의자가 아니라 숭고한 이상을

가진 학자로 묘사됩니다. 다만, 아베 밑의 경영진이 나쁜 자본가로 나오죠."(빔머)

눈물의 구조조정

재통합으로 모든 문제가 해결되지 않았다. 재통일 후유증은 단숨에 해소되지 않았다. 기업이 항상 위기를 맞는 것, 항상 새로운 경제위기가 닥쳐오는 건 경제사에서 언제나 확인할 수 있다.

재통합 당시 대규모 구조조정도 부족했음이 점차 명확해지고 있었다. 이제는 동서 양측에 구조조정이 필요하다는 지적이 연이었다. 1994년 10월 17일, <슈피겔>은 헤드라인에 "자이스가 새로운 위기에 직면하다"라고 보도했다. 서쪽 칼 자이스가 소재한 바덴-뷔르템베르크(Baden-Württemberg) 주의 디터 스푀리 경제부장관은 "칼 자이스 문제는 독일 재통일의 결과"라고 이 사태를 촌평했다.

결국 구조조정 전문가가 등장했다. 지멘스의 구조조정을 지휘했던 피터 그라스만(Peter Grassmann)이 1995년 1월 1일, 칼 자이스의 새 CEO로 취임했다. 그는 26개이던 사업부를 5개 사업부로 재편하고, 예나에 투자 예정이던 2억 마르크 규모의 자본 투입을 취소하고, 2,600명의 노동자를 해고하고, 일부 자회사를 매각했다.

이로써 재통일 후 고통스러웠던 구조조정은 드디어 끝났다. 숱한 이의 희생으로 얻어 낸 결과였다. 2000년 9월 23일, 칼 자이스 예나는 오픈하우스 행사를 열었다. 이제 예나가 제 궤도에 올

칼 자이스 기록보관소.

랐음을 대외적으로 보여 주는 행사였다. 드디어 재통일이 남긴 고통이 끝난 것이다. 현재 칼 자이스는 한국을 비롯해 전 세계 30여 개국에 지사를 두고 있다.

다시 하나로

칼 자이스 관계자들은 예나 시내에서 자동차로 약 15분가량 떨어진 시 외곽의 고풍스러운 사옥에서 필자들을 맞이했다. 동독 시절인 1971년 지어진 건물이다. 이들은 곧 첨단 기술을 적용한 신사옥으로 이전할 예정이다. 과거를 상징하는 건 정말 이 건물 뿐일까. 이제 동독 시절의 흔적은 남지 않았을까.

"콤비나트 시절이 남긴 유산은 이 건물과 나 같은 은퇴자들뿐이죠.(웃음) 동독 시절이 남긴 흔적은 없습니다. 다만 인간적 유대는 이어지고 있죠. 예나가 일종의 칼 자이스 도시다 보니, 나 같은 은퇴자도 시내 카페나 식당에서 과거 함께 일했던 동료를 자연스럽게 만나곤 합니다. 어려운 시절을 함께 보냈기에, 만나면 별의별 이야기를 나누죠.

회사에서도 우리 같은 은퇴자를 챙깁니다. 매년 하루씩 퇴직자들을 회사로 초대해 그사이 회사가 어떻게 변했는가를 설명해 주죠. 각 부서에서 직원의 생일이나 크리스마스 등 특별한 날에 퇴직자를 초대합니다. 회사가 일반인의 견학 신청을 받기도 하는데, 이때 퇴직자들이 가이드가 됩니다."(볼크홀츠)

"전 동독 시절의 유산이 100% 남아 있다고 확신합니다. 아베 정신뿐만 아니라, 직원들의 인간관계가 돈독하다는 점에서 다른 기업과 칼 자이스가 구분됩니다."(랑)

이같이 특이했던 역사는 지금도 신입 사원에게 교육된다. 빔머 박사에 따르면 "신입 사원이 들어오면 인터넷을 이용해 회사의 사업 영역과 역사를 알려 주는 강연을 생중계한다." 그런데 과거와 지금 다른 점이 있다.

"과거에는 역사 강연을 법무팀장이 했습니다. 동서독 칼 자이스의 법정 싸움 역사 등에 사람들이 관심이 많았기 때문이죠. 누가 옳았는지를 이야기했습니다. 이제는 그렇게 하지 않습니다. 저는 강연할 때마다 칼 자이스는 하나라는 점을 강조합니다."(빔머)

분단의 역사를 회사가 기억하고 있음을 짐작할 수 있다. 구조조정 당한 이들과 남은 이들이 서로 적대하진 않았을까. 인터뷰에 참여한 생존자들은 그런 일이 없었다고 했지만, 이를 온전히 믿기란 어렵다. 다만, 자이스가 상대적으로 이 같은 문제를 좋은 결론으로 맺고자 한 시도는 조명할 만하다.

자이스는 구조조정 시기에 원칙을 세웠다. 되도록 퇴직자가 창업한 기업으로부터 물품을 조달하자는 것이다. 이런 방식은 퇴직자가 새로운 창업자로 나서게끔 했고, 그들이 계속 예나에 정착해 도시를 살릴 수 있도록 하는 선순환을 가져왔다.

"예나가 신연방주의 다른 도시에 비해 지금도 활기가 있는 중요한 이유라고 저는 봅니다. 자이스에서 해고된 이들이 주변의 작은 기업에 취업하도록 회사가 도왔고, 퇴직자가 새로운 기업을 만들면 이들을 지원하려고 했어요.

예를 들어, 칼 자이스는 예나 시내 반경 100km 이내에 있는 소기업에서 부품 60% 이상을 조달합니다. 지역을 발전시키자는 거였죠. 값싼 중국산 제품을 사지 않았느냐고요? 근방 기업의 제품도 가격 경쟁력에서 큰 차이가 나지 않았습니다. 더구나 자이스는 대량 생산하는 기업이 아닙니다. 중국산 제품은 대량 생산 체제의 기업과 잘 맞죠."(볼크홀츠)

"예나 시 전체가 자이스를 중심으로 네트워크화되어 있어요. 이들이 공존하고 있습니다. 이 점은 예나와 오버코헨의 차이점이기도 하죠. 오버코헨에는 가까운 대학도 없고, 부품 기업도 근처에 많지 않습니다. 해고자가 적기 때문이죠. 반면 예나는 바로 인근에 대학이 있기에 산학 협력이 아주 쉽습니다. 부품 회사도 주변에 많죠. 이 같은 차이가 분명히 있습니다. 말하자면, 예나 시가 곧 칼 자이스라고 할 수 있습니다. 오죽하면 이 지역 축구 클럽 이름이 'FC 칼 자이스 예나'겠어요?"(랑)

인내심이 필요하다

남북한이 교류의 희망을 키워 가면서 자연스럽게 남한 자본의 북한 진출 가능성도 거론된다. 이미 이재용 삼성전자 부회장을 비롯한 한국의 여러 기업인이 문재인 대통령의 특별수행원 자격으로 북한을 방문하기도 했다.

칼 자이스의 전·현직 임직원에게 남북 자본 교류에 관한 생각을 들어 봤다. 이들은 남북한 분단사에 관한 지식이 없다면서도, 조심스레 문화적 차이를 잘 극복해야 한다는 의견을 제시했다.

"우리의 재통합 당시 가장 어려웠던 점이 선례가 없다는 것이었습니다. 모든 걸 우리 스스로 결정해야 했습니다. 조언을 해 줄 이가 단 1명도 없었죠. 남북의 분단 상황은 독일과도 다르다고 알고 있습니다. 더구나 동서독의 경제적 격차보다 남북의 경제적 격차가 더 큰 만큼, 아마 아주 어려운 길을 걸어야 하지 않을까 싶습니다. 모든

문제를 침착하게 대비하되, 닥쳐오는 현실에는 최대한 긍정적으로 대처해야 합니다."(랑)

"인간적인 면을 많이 생각했으면 합니다. 체제가 변한다는 건 인생의 전제조건이 변화함을 뜻합니다. 아마 남북의 교류가 잦아진다면 자연스럽게 남한 위주로의 변화가 이어질 텐데, 그만큼 북한 사람들이 많이 힘들 겁니다. 동독 출신도 변화에 적응하는 게 어려웠는데, 북한 사람은 동독 사람보다 훨씬 큰 어려움을 견뎌야 할 겁니다. 이에 남한이 인내심을 갖고 충분한 시간을 주길 바랍니다. 특히 경제적으로 부유한 남한 사람이 자본을 앞세워 북한 사람 위에 군림하려 하지 않기를 바랍니다. 불행히도 동서독 재통일 당시는 이런 실수가 있었습니다."(볼크홀츠)

(통역: 조경혜)

서울과 너무도 다른 예나

예나는 무척 아름다운 도시였다. 도시를 둘러싼 산들의 경광, 고풍스러운 도로와 모형처럼 예쁜 집들이 지금도 기억에 선하다. 오랜 전통을 지닌 대학이 말해 주듯 예나는 손꼽히는 학문의 도시이기도 한데, 그 같은 기운이 도시 전반에서 느껴지는 듯했다.

이 도시에서 인상 깊었던 장면 중 하나. 프리드리히 실러 대학 인근에 대형 슈퍼마켓이 있다. 이곳에 독일어로 쓴 현수막이 크게 걸려 있었는데 유달리 눈에 들어왔다. 기회가 될 때 조경혜 씨에게 물어보니 "이번 달 일요일에 영업함을 알리는 것"이라는 답이 돌아왔다.

독일의 인건비는 비싸다. 한국보다 노동력이 훨씬 귀하게 취급된다. 더구나 독일은 유럽 대부분 국가가 그렇듯, 기독교 문화가 강하게 남아 있는 나라다. 당연히 주말은 쉬어야 한다. 하지만 최근 독일에도 신자유주의적 가치가 가랑비처럼 스며들고 있는데, 이처럼 한 달에 한 번은 주말에도 슈퍼마켓이 문을 여는 날이 생긴 것도 그 결과 중 하나다.

또 다른 인상 깊었던 장면은 평일 이 슈퍼마켓 부근이 북적이는 시간대에 발견됐다. 보통 오후 4~5시면 유모차를 끄는 부부와 먹거리를 사러 온 사람들로 거리가 붐볐다. 도시가 하루 일과를 마치고 저녁을 준비하는 시간이 이때라는 뜻이다. 2018년 2월 독일 금속산업 노사는 노동시간을 주 35시간에서 주 28시간으로 줄

예나 풍경.

이는 단체협약을 맺은 바 있다. 이제 한국에서도 정시 퇴근이 서서히 자리 잡아 가고 있지만, 그 종료 시간에는 여전히 큰 차이가 있다.

예나에서는, 아니 독일 소도시에서는 택시를 조심해야 한다. 무슨 말인고 하니, 택시가 없다. 필자들은 아침 9시경 칼 자이스 사람들과 인터뷰 약속을 잡았다. 구글맵으로 확인한 결과, 필자들이 묵은 숙소에서 약속 장소인 칼 자이스 예나 사옥까지는 차량으로 15분이 채 안 걸렸다. 여유 있게 40분 전에 숙소를 나왔는데도 택시를 도저히 잡지 못했다. 당황한 필자들은 일단 채팅 어플리케이션으로 미리 그곳에 도착해 통역을 준비한 조경혜 씨에게 사정을 이야기하고, 이메일로 칼 자이스 측 담당자에게도 사과 인사를 했다. 조경혜 씨의 이야기를 듣고서야 택시가 보이지 않는 이유를 알았다.

"여긴 택시 안 돌아다녀요. 전화로 부르거나, 택시 회사로 직접 찾아가야 해요."

그제야 독일에 처음 입국한 순간이 기억났다. 필자들은 현지 시간으로 밤 11시경 첫 숙박 장소인 라이프치히에 도착했다. 많은 사람이 한 번에 몰리기 마련인 공항에도 택시가 전혀 보이지 않았다. 필자들처럼 당황한 이들 몇이 그저 공항 앞에서 멍하니 대기하고 있었다. 그러다 한 현지인이 택시 회사로 전화했다. 이 택시를 필자들을 포함한 여럿이 나눠 타고 겨우 숙소에 도착할 수 있었다. 라이프치히는 인구 50만 명이 넘는 큰 도시다. 그럼에도 밤이 되자 공항은 그야말로 적막함 자체였고, 오직 콜택시만 이용할 수 있었다.

조경혜 씨의 도움을 받아 어렵게 택시 회사에 전화를 했으나, 영어가 통하지 않았다. 그야말로 발등에 불이 떨어진 필자들이 정처 없이 거리를 헤매던 때, 프리드리히 실러 대학 뒷문 부근에 택시가 많이 보이던 기억이 어렴풋이 났다. 그곳으로 여행 가방을 끌고 바삐 뛰어갔다. 다행히 택시 대기소가 있었다. 급하게 택시를 이용해야 한다고 해도 여유 만만이다. "알았으니 일단 기다려요." 새로운 택시 한 대가 대기소로 들어오는 걸 보고 바로 짐을 부리려 했으나, 또 기다리란다. 운전수는 느긋이 커피를 한 잔 마시고, 담배를 한 대 태웠다. 그 후로도 한 시간처럼 느껴지는 수분이 지나서야 필자들은 택시를 탈 수 있었다.

약속 시간을 30분 가까이 넘기고 인터뷰 장소에 도착했다. 그저 미안하다고 연방 사죄할 수밖에 없었다. 아주 불쾌한 상황이었을 텐데도 웃음으로 괜찮다며 필자들을 안심시켜 준 칼 자이스 측 모든 관계자에게 이 자리를 빌려 다시금 사과 말씀 드린다.

2

오마지치 씨 이야기

통일 독일은
실패작

베를린 장벽 붕괴 한 달 후, 동독은 민주 국가로의 이행을 위한 노력을 시작했다. 1989년 12월 7일, 동독 역사상 처음으로 시민운동가와 SED 수뇌부가 만나 민주주의 체제 수립을 논의하는 기구 '중앙원탁회의'를 만들었다. 이 자리에서 민주적 헌법을 만드는 것부터 자유로운 정당 활동 보장에 이르기까지, 다양한 논의가 쏟아졌다.

하지만 통일에의 열망이 거세지기 시작했다. 마르크화 통합은 동독 자생적 변화의 끝을 상징했다. 이후 독일은 다시 하나가 됐다. 이제 서독 체제를 일방적으로 흡수하는 숙제가 동독인에게 주어졌다. 상당수는 급변하는 시대의 조류에 힘없이 떠밀려 갔다. 동독은 통일 당했다.

소개할 안드레아 오마지치(1957년생) 씨의 인생 사례에는 시사점이 있다. 지금도 독일 내에서 논란이 되는 동서 간 격차, 그로 인한 극우화 현상은 결코 우연히 생겨나지 않았다. 체제 적응에 실패하는 이를 어떻게 보듬을 것인가. 이는 민주주의 국가라면 마땅히 고민해야 할 숙제다. 북한과의 교류를 앞둔 우리도 미래를 서둘러 준비하는 한편, 내부를 되돌아봐야 한다.

오마지치 씨의 이야기를 전하기에 앞서, 재통일 30주년을 향해 가는 오늘날 독일의 동서 격차 상황을 통계를 통해 확인하고자 한다. 2018년 9월 2일자 <더 타임스>와 작센(Sachsen) 주 지역 언론 <MDR 작센> 등에 따르면, 유럽의 도시별 하수도에서 가장 많은 양의 메스암페타민(필로폰)이 검출된 지역이 바로 최근 극우단체의 이른바 '인간사냥 사태'와 난민 반대 시위로 몸살을 앓은 작센 주 도시 켐니츠(Chemnitz)다. 2위는 튀링엔 주의 주도인 에어푸르트다. 5위가 작센 주 주도인 드레스덴, 7위는 (옛 서독 지역인) 뉘른베르크(Nürnberg)다. 유럽에서 마약이 가장 만연한 도시

작센 주 인구 25만 명 규모 도시 켐니츠.

톱10 중 독일에서만 4개 도시가 올라 있고, 그중에서도 3개 도시가 신연방주 소속이다. 구 동독 지역은 동유럽 마약의 서유럽 유통 거점이자 최대 소비지가 된 지 오래다.

격차는 더 다양한 통계자료로 쉽게 확인할 수 있다. 국가정보원이 2017년 10월 발간한 자료집 <통계로 보는 독일통일>에 따르면, 2016년 현재 신연방주(베를린 제외)의 국내총생산(GDP)은 3,486억1,500만 유로로 구연방주(도시주 제외) 2조6,546억100만 유로의 7분의 1 수준에 불과하다. 신연방주는 5개주고, 구연방주는 8개주다. 도시주 3개(베를린, 함부르크, 브레멘) 중 2개가 구 서독 지역에 있다는 점 역시 고려해야 한다. 하지만 동서 격차는 확연하다. 2016년 기준, 신연방주에서도 가장 가난한 지역인 메클렌부르크-포포메른 주의 GDP는 414억2,900만 유로로, 도시주(일종의 직할시)에 불과한 함부르크(1,106억7,400만 유로)의 37% 수준이다.

2010년을 기준(100)으로 볼 때, 2015년 현재 구연방주의 취업인구가 105.6명으로 늘어나는 동안 신연방주는 오히려 99.9명으로 줄어들었다. 2016년 현재 구연방주의 실업률은 5.6%이지만, 신연방주는 8.5%에 달한다. 통일 이후인 1991년부터 2015년 사이 바이에른 주 인구는 1만 명당 23.9명이 늘어났지만, 신연방주의 하나인 작센-안할트 주에서는 55.8명이 줄어들었다. 2015년 기준, 통일 당시 1,450만 명이었던 동독 인구는 200만 명 순감했다. 통일 이후 신연방주에서 인구가 늘어난 지역은 수도 베를린을 둘러싼 브란덴부르크 주뿐이다.

베르텔스만재단이 △다양성 인정 수준 △유대감 △공동의

이익 도모라는 3대 요소로 지역별 사회결속력을 분석한 결과, 1993년에서 2003년 사이 신연방주 5개주 전부에서 사회결속력 지수가 뚝 떨어졌다. 구연방주에서 이 지수가 떨어진 곳은 단 한 군데도 없었다. 이 격차는 시간이 지날수록 오히려 더 벌어지고 있다. 통일 후 혼란이 극에 달했던 1995년 당시 조사 결과에서 작센, 튀링엔, 브란덴부르크, 메클렌부르크-포포메른, 작센-안할트주의 사회결속력 지수는 각각 −0.23, −0.36, −0.71, −0.74, −0.94였는데, 2003년 조사에서는 이 수치가 각각 −0.50, −0.77, −0.93, −0.43, −1.31로 더 떨어졌다. 그나마 약간이라도 개선된 곳은 오직 메클렌부르크-포포메른 주뿐이다. 서독 지역의 사회결속력이 꾸준히 일정 수준을 유지하는 반면, 동독 사회는 갈수록 해체되는 경향을 보이는 셈이다. 차이가 동서로 극명하게 갈린다. 이 같은 상존한 격차가 2015년 독일 재통일 25주년을 맞아 각 언론사가 일제히 동서 격차를 조명한 이유다. 당시 독일 공영방송 ARD의 보도 제목 '하나가 되었으나, 결코 같아지지는 않았다'는 상징적이다.

이제 오마지치 씨의 인생 역정을 소개할 차례다. 오마지치 씨는 장벽 건립 전 베를린에서 태어났다. 불우한 가정 환경 탓에 청소년 시절에는 방황했다. 동독 시절 싱글맘으로서, 비숙련 노동자로서 아이 셋을 키웠다. 열심히 노력해 한때 가게를 가지나 했으나, 통일의 여파로 모든 재산을 잃었다. 통일 후에는 비정규직을 전전하며 평생을 살아왔고, 살아가고 있다. 그는 지금도 통일이 좋았다고 생각하지 않는다.

서에서 동으로

오마지치 씨는 1957년 서베를린의 7남매 집안에서 셋째로 태어났다. 그가 한 살 때 부모는 동베를린의 쉔하우저 대로(Schönhauser Allee) 부근으로 이사했다. 몇 년 후 이곳 바로 맞은편에 베를린 장벽이 섰다.

부모가 철저한 공산주의자는 아니었다. 그저 집값이 쌌기에 이사한 것뿐이다. 분단 체제에서 두 체제 사람들의 자유로운 이전을 생각하지 못하는 우리로서는 얼핏 이해가 되지 않는 부분이다. 장벽이 들어서기 전만 해도 동서 베를린 사람들은 양 진영을 자유로이 왕래했다. 동베를린의 집에서 서베를린에 있는 직장으로 출근이 가능했다는 뜻이다. 장벽이 들어서고야 베를린 사람들의 왕래가 끊겼다.

"당시 아버지 직장이 서베를린에 있었는데, 동베를린 집값이 싸서 그리로 이사한 것뿐이에요. 보통 사람들이 이념이니 뭐니 알았겠어요? 그런데 하루아침에 장벽이 세워져 버리더군요. 이때 졸지에 이산가족이 된 이들이 제법 돼요. 우리 아버지의 경우 출퇴근이 불가능해졌죠. 결국 일자리를 잃었어요. 나중에 동독 당국이 운영하는 직업센터에서 일을 새로 소개받았죠. 기차 운전도 하셨고, 과일 판매도 하셨어요. 어머니는 사무 관리직으로 일하셨죠."

동독의 주인은 노동자였다. 동독은 '악랄한 자본가'가 주인인 서독과 달라야 했다. 노동하지 않는 이가 존재해서는 안 됐다. 동독인은 누구나 노동자카드를 갖고 다녔다. 녹색 수첩으로 된 카드에는 소지자가 사회보험 적용 대상임이 표시됐고, 그의 현재 취업 현황도 기록됐다. 얼굴과 이름 등의 개인정보도 기재됐다. 신분증인 셈이다. 실업자가 이 카드를 들고 직업센터로 가면, 당국은 소지자의 재취업을 알선했다.

훗날 동서독 통일 후 이 카드를 보관하지 않은 이의 연금 수령액 책정에서 문제가 발생하기도 했다. 동독이 서독 체제에 흡수된 후, 노동자카드를 쓸모없다 생각해 쓰레기통에 버린 이가 많았다. 이들은 자신이 어디서 얼마나 오래 노동했는가를 입증할 증거를 잃었다. 재통일 직후 신연방주(구 동독 지역)에서 연금 대란이 일어난 배경이다.

오마지치 씨의 가정 환경은 좋지 못했다. 아버지는 도박을 좋아했고, 집에는 잘 들어오지 않았다. 사춘기 반항기에 접어든 오

오마지치 씨의 동독 시절 노동자카드.

마지치 씨는 집을 나와 길거리를 전전했다. 그러다 열네 살 때 경찰에 잡혀 고아원(Erziehungsheim, 직역하면 훈육의 집)으로 보내졌다. 이곳은 어린 청소년을 감화하는 시설로, 일정 기간 합숙 생활 후 돌아갈 가정이 있는 아이는 가정으로 돌려보내는 기관이었다. 일종의 가정생활 훈련소였던 셈이다. 오마지치 씨는 2년간 고아원에서 지내다 집으로 돌아왔으나, 다시 가출을 감행했다. 결국, 열일곱 살에는 악명 높은 소년원(Jugendwerkhof)에 입소하게 됐다. 에리히 호네커 서기장의 아내이자 동독 교육부 장관이었던 마르고트 호네커가 소년원을 전국적으로 늘리는 정책을 주도했는데, 훗날 소년원에 강제 입소당해 가족과 생이별했던 피해자가 많았음이 밝혀졌다.

그러나 오마지치 씨는 소년원 생활이 집보다 나았다고 했다. 자신과 같은 고민을 가진 또래들과 생활하면서 오마지치 씨는 직업 교육을 받고 사회에 진출할 준비를 해 나갔다.

동독의 싱글맘

성인이 되어 사회로 나온 오마지치 씨는 스물한 살이 된 1978년, 당시 동거 중이던 남자친구와 결혼했다. 굳이 동거 생활을 이어 가지 않고 혼인신고를 한 이유는 대출 때문이다. 분단 후, 동독은 자유를 찾아 서독으로 탈출하는 사람들로 인해 골치를 앓았다. 2차 세계 대전으로 인해 많은 남성이 사망해 생산가능인구가 감소한 것도 타격이 컸다. 이에 동독 당국은 혼인과 출산을 적극 장려했다. 혼인한 이들에게 대출 조건을 완화했고, 자녀가 있는

100

부부에게는 집을 제공했다.

오마지치 씨는 베를린을 떠나 시부모가 거주하던 퓌르스텐발데(Fürstenwalde)로 이사했다. 2층 시부모 댁의 아래층에 신혼집을 꾸렸다. 당국이 주택 분양 의사를 타진했으나, 이들은 집이 있었기에 이를 거절했다. 훗날 '마이 홈'이 없다는 게 치명적 타격이 됐다.

"남편과 결혼 7년 만에 이혼했어요. 사랑의 유통기한이 7년인 건 세계 공통 아닌가?(웃음) 당시 아이가 둘이었는데, 이제 이혼했으니 집이 필요해졌죠. 당국에 집을 달라고 요청했어요. 그런데 '예전에 집이 필요 없다고 했다'며 당국이 주택 제공을 거절하더군요. 방법이 없잖아요. 이혼하고도 시댁에서 계속 살았죠. 그러다 셋째 아이까지 갖게 됐어요. 이미 큰아이는 열두 살이었고 둘째는 두 살이었을 때예요."

옛 시부모의 집 시설은 엄마와 아이 셋이 함께 살기에는 열악했다. 아래층 방 3개 중 2개가 오마지치 씨 가족에게 주어진 공간이었는데, 일단 좁았다. 방 구조도 문제였다. 방 3개가 전부 문으로 연결돼 있었다. 주방에 나가려 해도 남의 방을 지나야만 하는 상황이었다. 욕조도 없고, 변기도 없었다.

오마지치 씨는 결국 견디다 못해 호네커 서기장 앞으로 편지를 썼다. 오마지치 씨는 해당 편지를 여태껏 보관하고 있었는데, 인터뷰 도중 이를 직접 낭독했다. 결혼 및 이혼 과정과 현 주택 상황을 이야기하던 편지에서 특히 인상 깊었던 부분은 아래와 같다.

'호네커 서기장, 저희 아이들이 정서적으로 불안한 상태입니다. 이를 해결하기 위해 당국에 주택을 요청했으나 반년이 지나도록 답이 없습니다. 사회주의 국가의 이상대로 정부는 모든 인민에게 기본적인 물질적 토대를 제공할 의무를 지닙니다. 2주 내로 제 요청에 당국이 답하지 않는다면, 아무 빈 집이나 들어가 살겠습니다. 서독으로 이주 신청을 할 수도 있습니다.'

앞서 플뤼겔 부부의 사례에서 보듯, 당시 동독에서 (형식적이나마) 국가의 주인인 인민이 자신의 문제를 해결하기 위해 서기장에게 직접 호소하는 형식의 편지를 쓰는 건 일상적이었다. 그런데 오마지치 씨 편지의 논조는 이 같은 상황이 '일반적이다'라고 넘어갈 수 없을 정도로 꽤 강했다. 동독이 비록 독재 체제를 유지한 국가이긴 했으나, 인민이 인민으로서 권리를 누리지 못하는 북한에 비해 인민권이 강하게 살아 있던 사회였음을 짐작할 수 있는 부분이다.

결국 당국을 향한 협박조(?) 편지 이후 오마지치 씨 가족에게 집이 제공됐다. 아이가 셋 이상인 싱글맘이다 보니, 오마지치 씨에게는 여러 양육 지원이 제공됐다. 동독에서 아이가 셋 이상일 경우 주거비가 추가로 지급됐고, 아이 옷값과 같은 육아 수당도 제공됐다. 크리스마스에는 가족의 날을 기념하라며 직장에서 보너스가 나왔다. 한 달에 하루는 '집안일을 위한 휴가

(Haushaltstag)'도 유급으로 주어졌다. 이 같은 지원 정책이 자녀가 만으로 열여덟 살이 될 때까지 이어졌다. 이들 중 일부분은 최근 한국이 출산 문제 해결을 위해 도입한 내용이다.

오마지치 씨의 이혼 사례에서 인상 깊은 부분은 또 하나 있다. 이혼 후 양육권은 여성인 오마지치 씨가 가졌다. 동독의 경우, 부부 이혼 시 보통 여성이 양육권을 가져갔다. 대체로 남성이 양육권을 가져가는 한국과 정반대 모습이다. 이 같은 일이 가능한 이유는 여성이 밖에서 노동했기 때문이다. 여성에게 자녀를 키울 경제력이 있으니, 본인이 원한다면 여성이 양육권을 행사하는 게 자연스러웠다.

오마지치 씨는 아이 셋을 어린이집에 맡기고 낮에는 상점 판매원으로, 동시에 공장 기계 보조공으로 바쁘게 살았다. 이제 서서히 강한 어머니 오마지치 씨만의 가정이 안정을 찾아가는 상황이었다. 이때, 동독이 서독에 흡수됐다.

공동체에 대한 향수

1990년 1월 1일, 오마지치 씨는 일하던 상점의 운영권을 인수했다. 사유재산이 존재하지 않는 사회에서 그가 일종의 봉급 사장이 된 셈이다(오랜 시간이 흐른 만큼, 당시 그가 인수한 권리가 무엇인지는 오마지치 씨도 자세히 기억하진 못했다). 당시 민주화 시위로 인해 동독에 자유화 바람이 분 것도 영향을 미쳤으리라고 오마지치 씨는 조심스레 추측했다. 그런데 재통일 과정에서 오마지치 씨의 권리는 존재하지 않는 것으로 정리됐다.

가게 운영권이 몰수되고, 오마지치 씨도 다른 많은 이들처럼 실업자가 됐다. 퓌르스텐발데에 살던 사람 대부분이 일자리를 잃은 마당이었다. 이미 남편과 헤어져 연고가 없던 도시를 떠나 오마지치 씨는 1991년, 자녀들을 데리고 고향 베를린으로 돌아왔다. 여동생이 살던 집으로 옮겨 와 훗날을 대비했다. 일단은 실업자를 위한 일자리 재교육을 받았다. 오마지치 씨는 화장품 메이크업 교육을 받았다. 당시 오마지치 씨의 꿈은 '내 가게'를 갖는 것이었다. 그런데 자격증 시험일에 갑자기 아이가 아파 시험을 치르지 못했다. 그 뒤로 오마지치 씨는 그저 변화한 세상에 적응하기 위해, 하루 벌어 하루 먹고 사는 일상을 이어 갔다.

"일자리 찾기를 포기하진 않았지만, 직장이 없는 상황 자체가 고통이었어요. 아이 셋을 기르면서 직업센터를 꾸준히 가야 하고, 실업급여 받으러 다니기가 힘들었죠. 이때 간이음식점에서 시간제 근무를 하며 당장 먹고사는 문제를 해결했어요. 그렇게 재통일 후 쭉 살다 보니 이 나이가 되어 버렸어요. 지금은 베를린 도심에서 (대중교통 기준으로) 동쪽으로 약 1시간 이상 떨어진 헬러스도르프(Hellersdorf)의 아파트 단지에서 살아요. 저 같은 노동자가 많이 사는 곳이에요."

오마지치 씨가 거주하는 숙소는 아파트 단지다. 한국만큼 아파트가 높진 않았다. 기껏해야 3~5층 규모였다. 회색 톤의 아파트가 연달아 들어섰는데, 각 집에는 베란다가 있어 열린 느낌을 받았다. 약간은 옛 사회주의 시절을 떠올리게끔 하는 주택 단지라고 할까. 오마지치 씨를 만나기 전에도 상대적으로 저교육, 저소득 계층이 많이 사는 곳임을 여러 모습에서 짐작할 수 있었다. 대중교통망이 상대적으로 불편했고, 사람들의 옷차림이나 표정 역시 베를린 도심의 그것과는 조금 거리가 있어 보였다.

지금 오마지치 씨는 결손 가정 아이를 돌보는 돌봄 노동자로 일한다. 조손 가정이나 건강 문제로 인해 노동력을 상실한 부모가 있는 가정에서 아이를 위한 집안일은 중노동이다. 이 같은 사연의 가정에서 복지 지원을 신청하면, 지역 복지단체가 오마지치 씨와 같은 사람에게 연락한다. 연락을 받은 오마지치 씨는 해당 가정을 방문해 집안일을 대신해 주고, 아이들의 생활도 챙겨 준다. 독일 복지 시스템의 하나다. 오마지치 씨는 준공무원으로 보였으나 세금 카테고리 상 자영업자며, 실제로는 하청 노동자다. 한국으로 치면 특수직 노동자와 비슷하다.

독일 복지 시스템에 소득불능연금제(Erwerbsunfähigkeitsrente)가 있다. 소득 수준이 일정 수준 이하거나, 건강 문제로 인해 노동력을 상실한 사람에게 따로 지급되는 연금이다. 오마지치 씨도 재통일 후 한동안 일이 없을 때 해당 연금을 5년간 받았다. '나이 들고 굳이 힘든 일을 하지 말고, 해당 연금을 계속 받을 생각을 하지 않았느냐'고 물었다. "내 몸이 건강하고, 얼마든지 일할 수 있는데 왜 그렇게 해야 하느냐"는 그의 힘찬 답변이 돌아왔다. 그는 평생을 기대만큼 큰 빛을 보지 못하고 살아왔으나 지금도 당당한 납세자로서 사회 한가운데에서 호흡하는 사람이었다. 그러나 그는 통일 독일을 결코 좋게 보지는 않았다.

"이 일을 하면서 어려운 가정을 볼 때마다 재통일이 좋았다고 마냥 웃어넘길 수 없게 돼요. 요즘 사회 안전망이 다 무너졌잖아요. 예전 동독 사회는 젊은이라면 일단 받아들여 줬어요. 일자리가 없으면 일자리를 구해 주고, 교육을 받고 싶다면 공부하게 해 줬어요. 그런데 지금 독일 사회는 젊은이를 그냥 무시해요. 그러니 젊은 아이들이 자꾸만 엇나가는 거예요. 동독 시절에는 아이들이 활기찼어요. 유겐트가 있으니 아이들이 어디든 소속되어 활발히 활동했죠. 그런데 요즘 아이들은 할 일이 없으니 마약이나 해요!"(유겐트를 포함해 동독 체제에 관한 태도는 사람마다 다르다.)

오마지치 씨는 자신이 단순히 동독 향수를 지닌 건 아니라고 했다. 다만, 재통일이 낳은 새로운 문제가 방치되어서는 안 된다는 게 그의 입장이었다. 빈부 격차가 심화하며 나타난 문제, 특히 미래를 잃은 신연방주 아이들의 탈선 문제가 심각하다고 그는 꼬집었다. 오마지치 씨는 이웃과 함께하는 문화, 즉 동독의 공동체 개념이 사라져 가는 것 역시 안타까워했다.

베를린 DDR 박물관에 전시된 유겐트 복장

앞선 플뤼겔 부부와 베어톨트 씨 이야기에서도 나온 공동체 개념은 짚어 볼 만하다. 훗날 연구를 통해 밝혀졌듯, 분단 당시 동독은 가족 간 결속, 친족 간 결속력이 유럽에서 가장 강한 나라였다. 이탈리아보다 가족 간 친밀도가 높았다. 우리가 흔히 생각하는 '서구' 이미지보다 오히려 우리의 문화와 비슷한 면이 있었다. 동독은 개인주의가 안착한 서독과 전혀 다른 문화의 나라였다. 재통일로 인한 경제력 붕괴는 동독의 가족 해체로 이어졌다. 기존 가치관이 붕괴한 자리를 마약과 같은 어두운 가치가 파고들었다. 오랜 기간 구 동독인의 열패감을 반영한 단어로 거론된 오스탈기 현상 역시 이 같은 맥락에서 이해해야 한다.

강릉원주대학교 이동기 교수는 2016년 발표한 논문 <독일통일 후 동독정체성: 오스탈기는 통합의 걸림돌인가?>에서 통일 후 구 동독인이 보인 오스탈기, 혹은 통일에 관한 반감은 "'흡수통일' 후 새로운 국민 국가의 발전이라는 고유한 맥락과 특수한 배경"을 이해해야만 하는 문제로 "기본적으로 동독 주민들이 서독 주도의 현 독일정치공동체에 대항해 경계 의식을 갖고 형성한 지역 정체성"으로 이해해야지, 이를 결코 문자 그대로 "과거 동독 시절로 돌아가자"는 것으로 이해해서는 안 된다는 점을 강조했다.

풀이하자면, 동독은 민주화 투쟁의 승리로 얻은 자발적 인민 민주주의 체제의 성립을 코앞에 두고 서독에 흡수됐다. 이로 인해 동독은 '일 국가 이 체제'식의 연방제 후 통일이라는 절차를 밟지 못하고, 서독 체제를 일방적으로 학습해야 하는 패배자가 됐다. 이 상황에서 기존 자기 체제를 송두리째 부정당한 구 동독인의 열패감이 공동체 개념, 복지 체제 등에 대한 향수로 나타났다.

한편 오마지치 씨가 보인 공동체 개념을 향한 그리움은 한국을 비롯한 세계 여러 나라에서도 확인된다. 일정 정도 경제 규모가 발전한 대부분 나라에서 복지 요구가 커지고, 흩어진 공동체 개념을 복원하자는 욕구가 치솟고 있다. 특히 20세기 냉전이 끝나고 자본주의가 이른바 '역사의 종언'을 고하면서 극대화한 자유주의적 질주는 점점 사회적 패배자를 더 깊은 수렁으로 몰아넣고 있다. 한국이 그런 것처럼, 독일 역시 그 같은 과정을 밟고 있을 뿐이다. 이 같은 측면에서 통일 독일에서 소외된 이들에게 나타나는 오스탈기는 지구적 현상이라고도 볼 수 있다.

중앙대학교 김누리 교수는 2008년 논문 <동독의 귀환>에서 통일 이후 자본주의 체제의 부작용이 점차 심화함에 따라, 독일 내에서 옛 동독의 가치를 재발견하려는 움직임이 뚜렷해진 현실을 재확인했다. 김 교수 연구에 따르면 재통일 후 독일에서 동독 정체성은 부활했으며, 서독적 가치관과 동독적 가치관은 서로 수렴하는 중이다. 이 대목에서 '동독적 가치관'은 곧 복지, 공동체 등 현재 우리 사회도 지향하려 하는 목적지며, '서독적 가치관'은 자본주의적 가치관이다. 오마지치 씨의 지적 역시 이 같은 차원에서 이해되어야 마땅하다.

"이 사회에는 이른바 자유가 있어서 원하는 건 뭐든 돈으로 살 수 있는데, 한편으로는 기본적인 것도 사지 못하는 사람이 너무 많아요. 이웃을 돕는 문화도 사라지고 있어요. 모두가 경쟁하기만 해요. 사회적 유대가 돈독했던 옛 시절이 가끔 그리워요.

물론 청승맞게 동독 시절이 좋았다거나, 과거로 돌아가고 싶다는 건 아니에요. 하지만 동독 출신자가 재통일 후 힘들게 사는 경우를 너무 많이 봐요. 젊은 시절 친구들을 시간이 지나 만나 보면, 잘사는 아이가 없어요. 엉망진창으로 망가진 중독자 자녀를 가진 집도 많죠."

오마지치 씨의 이야기는 한 체제 대부분 사람을 낙오자로 만드는 자본주의 체제로의 적응 실패자의 이야기다. 경쟁 사회에서 약자는 낙오한다. 이 동독 체제의 특수성을 보편성으로 인식하려는 움직임은 다음 인터뷰이 역시 보여 줬다.

(통역: 추영롱)

베를린에서의 단상

베를린은 그야말로 흥미로운 도시였다. 베를린에 놀란 소소한 부분이 있다. 첫째, 지하철 내 광고가 별로 없다. 랩 광고를 한 지하철이 몇 보이긴 했지만, 철도 차량 내부에서는 한국처럼 많은 광고를 볼 수 없었다. 한국이나 일본의 지하철을 타면 광고가 그야말로 지하철 모든 곳에 붙어 있는데, 독일 지하철의 깔끔한 내부를 경험하니 '광고가 공해'라는 생각을 새삼 갖게 됐다.

역으로 우리식으로 생각해 보니, 그들은 지하철 운행비용을 어떻게 감당하는지가 궁금해졌다. 베를린은 서울의 1.5배 크기에 달하는 공간에 서울 인구보다 훨씬 적은 300만 명이 사는 도시다. 그럼에도 대중교통에 광고는 제한적으로만 적용된다. 승객 1인당 운송비가 서울보다 더 나갈 텐데, 그 적자는 어떻게 메우는 걸까. 시민이 이에 불만을 가지지는 않을까. 공공재에 관한 인식 차이가 우리와 독일 사이에 분명 존재하는 듯했다.

비슷한 생각을 떠올리게 만든 사례가 있다. 필자들이 찾은 모든 도시에 트램이 있었다. 인구가 10만 명 수준인 소도시 예나에도 트램과 버스가 다녔다. 한국은 대중교통 적자 문제로 인해 큰 골치를 앓는다. 그 점에서 작은 도시에 대중교통 노선이 잘 정비돼 있다는 점은 무척 인상적이었다. 도시 발전 역사가 오래됐으니 대중교통과 같은 도심 기반 시설의 초기 투자비용이 우리보다 적었으리라고 생각할 수 있겠다. 트램은 건설비가 지하철

베를린 장벽 중 일부인 이스트사이드 갤러리

건설비의 6분의 1 수준에 지나지 않아 비용 부담도 적다. 한국의
여러 지자체도 트램 활성화를 준비 중이다. 하지만 그것만으로
는 방문한 대부분 도시에서 본 최신식 트램 차량의 존재가 완전
히 설명되지는 않는다.

베를린에 머물며 단연 눈에 들어온 광경이 또 하나 있다. 길
거리에 휠체어를 탄 사람이 많이 보였다. 한국에서 장애인 이동
권은 여전히 큰 주목을 받지 못하는 이슈다. 그래서 길거리에 장
애인이 많이 보이지 않는다. 움직이기가 너무 불편하므로, 바깥
을 다니기 쉽지 않기 때문이다. 베를린에서는 아주 많이 보인다.
독일 축구팀 FC 쾰른의 메인스폰서로, 우리의 이마트와 같이 독
일 최대 슈퍼마켓 체인점인 레베(Rewe)의 한 지점을 방문했을 때
였다. 남성 동성 커플이 팔짱을 끼고 사이좋게 생필품을 구입하
는 모습을 봤다. 베를린에서 본 누구도 휠체어를 탄 이에게, 동성
커플에게 눈총을 주지 않았다. 선진국이란 무엇인가를 생각하게
만드는 순간이었다.

히틀러와 관련한 이야기도 빼놓을 수 없다. 많은 이가 알다시
피, 독일에서 공공 화장실을 이용하려면 돈을 내야 한다. 무료인
공간이 있다. 유대인 관련 공간이다. 대부분 입장료를 받지 않으
며, 따라서 화장실도 무료로 쓸 수 있다. 우리에게 익숙한 홀로코
스트 메모리얼이란 추모공원이 있다. 종전 60주년인 2005년 완
공한 시설로 2,711개의 콘크리트 구조물이 마치 관처럼 도심 한

복판에 조용히 눕혀져 있다. 이곳은 히틀러가 권총으로 스스로 목숨을 끊은 지하벙커 바로 위다. 히틀러가 자살한 곳 바로 위에 유대인을 추모하는 공간을 만들었다는 점(베를린 중심가로, 땅값이 비싼 곳이리라 생각된다)은 역사를 마주하는 독일인의 용기를 다시 생각하게끔 한다.

3
아우가 교수와의 만남

여성,
통일의 피해자

독일 재통일의 가장 큰 피해자는 동독 여성, 정확히는 동독의 미
숙련 여성 노동자라는 지적이 있다. 노동을 인민의 권리이자 의
무로 봤던 동독 사회에서는 여성 역시 예외가 아니었다. 대부분
여성이 노동자였다. 통일 직전인 1989년 당시 동독 여성의 취업
률은 91.2%에 달했다. 2차 세계 대전의 피해가 컸던 데다, 끊임없
는 인구 유출로 노동력 부족을 고민한 동독 정부가 여성을 집 안
에 둘 리 만무했다. 여성을 노동 현장으로 불러내기 위해 육아는
국가가 책임졌다.

이를 상징하는 장면이 동독 탁아소의 '단체 변기 시간
(Collective Potty Breaks)'이다. 유아에게 단체 배변훈련을 시킴으로
써 개인주의 성향을 줄이고 공동체 정신을 일찌감치 키운다는 목
표 아래에 동독 정부가 국가적으로 시행한 프로젝트다. 여러 아

이를 한 변기에 앉혀 용변을 보게 했고, 마지막 아이까지 배변을 끝마쳐야 모두 함께 일어나게 했다.

비록 동독 시절의 집단주의적, 인권 침해적 교육 태도가 드러난 사례이지만, 목적성을 제거하고 보자면 국가가 주도해 만든 복지 시스템이 여성을 노동자로서 자립하게끔 도왔다. 이 같은 지원이 동독 시절 여성의 첫 자녀 출산 연령을 낮췄다. 1970년 동독 여성의 첫 자녀 평균 출산 연령은 21.9세에 불과했다. 구 동독 출신인 앙겔라 메르켈 총리의 별명 '무티(Mutti, 엄마)'가 전형적 동독 여성상이다. 어머니의 유연함과 노동자의 우직함을 모두 갖춘 모습 말이다.

분단 당시 동독의 여성 인권 수준이 상당했음은 훗날 여러 연구를 통해 밝혀졌다. 지금보다 인권 의식이 낮았던 20세기 중~후반 당시 동독만 유달리 여성 인권 향상을 의식했다고 보기는 어렵다. 실제 동독 여성의 사회 참여가 활발했던 것은 노동력이 절대적으로 부족한 사회 특성이 낳은 결과였다는 평가가 많다. 그러나 이유야 어찌됐든 여성이 출산 후에도 경력을 잃는 일이 발생하지 않는 구조가 정착함에 따라 필연적으로 사회가 육아를 책임지는 시스템이 동독에 갖춰졌고, 이 시스템이 여성의 노동권과 양육권을 지켜 줌으로써 여성 인권을 향상시켰음은 명백하다. 앞서 만난 여러 인터뷰이의 증언을 통해 우리는 살아 있는 그들의 경력 변천 과정을 익히 확인했다. 아직 여성의 경력단절 문제가 전혀 개선되지 못하는 한국 사회가 과거 동독 사례에서 배울 점이다.

반면 서독은 다른 전략을 택했다. 서독 역시 전쟁의 여파로 남성 인구가 크게 줄어들었기에 다자녀 가구를 원했다. 이를 위해 서독은 '집에 있는 어머니상'을 모범으로 삼았다. 남성은 노동하고, 여성은 아이를 많이 낳아 집 안에 머무르는 모습이다. 서독에서 직장 여성은 '까마귀 어머니(Rabenmutter)'로 불렸다. 새끼를 신경 쓰지 않는 까마귀에 여성을 빗댄 말이었다. 노동하는 여성을 나쁘게 봤다. 서독은 68혁명의 여파로 젊은 세대가 들고일어나서야 느린 변화를 시작했다. 68혁명 이후 여성은 사회 진출을 요구했고, 출산을 거부하기 시작했다.

동서의 차이는 지금도 남아 있다. 막스 플랑크 재단이 2011년 발표한 자료를 보면, 2008년 현재 신연방주 지역 여성의 첫 자녀 출산 평균 연령은 27.5세며 구연방주 여성의 경우는 28.7세다. 구동독 여성이 첫 자녀를 더 빨리 출산하는 경향은 재통일 후 한 번도 뒤집히지 않았다. 여성을 가정에 가두기 전략과 복지를 강화해 여성의 육아 부담을 줄이기 전략 중, 출산율을 높이는 데 어떤 정책이 효과적인가를 선명히 보여 주는 사례다.

더 강력한 사례도 있다. 독일은 지금도 유럽연합(EU)에서 남녀 임금 격차가 가장 큰 나라다. 독일 연방통계청에 따르면 2017년 기준 독일 남성 노동자의 평균 시급은 21유로고, 여성 노동자의 경우는 16.59유로다. 여성 노동자가 남성 노동자보다 급여 21%를 덜 받는다. 여성 인권이 상대

독일 프랑크푸르트의 상징인 유로타워.

적으로 낮았던 서독 중심 흡수 통일의 여파가 지금껏 이어졌음을 확인할 수 있는 대목이다.

동독 여성은 재통일의 피해자

재통일 후 구 동독 지역의 대 여성 가치관은 서독식으로 재정립됐다. 어차피 동독 지역 노동자 상당수는 해고 대상자였다. 여성 대부분이 일자리를 잃고 가정으로 내몰렸다. 이제 미숙련 구 동독 여성 노동자는 '까마귀 어머니'라도 되기 위해 비정규직을 전전할 수밖에 없는 처지로 전락했다. 2013년 독일경제사회연구소(WSI) 발표에 따르면, 2010년 현재 독일 여성의 47.5%는 시간제 근무를 하는 반면, 남성의 경우 그 비율이 8.5%에 불과했다.

재통일이 독일 여성에게 미친 영향을 알아보기 위해 베를린 훔볼트 대학 울리케 아우가 교수를 만났다. 동베를린 태생의 아우가 교수는 문화, 젠더, 종교철학을 연구했다. 동독 시절 민주화 운동에 나섰고, 재통일 후에는 학자의 길을 걸었다.

아우가 교수는 구 동독의 여성 노동을 현대의 페미니즘적 시각으로 신화화해서는 안 된다는 입장을 견지하면서도 동독 여성이 재통일의 피해자라는 평가에 부분 동의했다. 서독식 제도, 곧 자본주의적 제도가 모든 것을 휩쓰는 게 과연 옳은 일이냐고도 물었다.

아우가 교수는 재통일 자체를 비판적으로 바라보았다. 구 동독이 통일 독일의 '내부 식민지'가 되어 버렸다는 시각이다. 이처럼 강경한 시각은 앞서 만난 인터뷰이들에게서 파편적으로 나온 생각의 총화이자, 이를 더 응축한 수준이다. 그는 현대 자본주의 체제를 과연 진정한 자유가 있는 체제로 볼 수 있는지를 진지하게 고민해야 한다고 평가했다.

동독 여성 인권 〉서독 여성 인권

그와 가장 먼저 나눈 이야기 주제는 여성 인권이다. 한국에서도 강남역 살인 사건을 기점으로 여성 인권 향상을 요구하는 목소리가 꾸준히 커지고 있지만, 아직 여성은 노동 현장에서 온전히 제자리를 지키기 어렵다. '아이를 낳으면 퇴사당함'을 여성 노동자는 안다(여성 노동자에게는 기대할 게 없다는 편견이 고정화한다). 여성 노동자 역시 '회사의 기대치를 아는 만큼, 일에 투신해야 할 의욕을 얻지 못 한다'는 악순환이 경기 침체와 맞물려 '결혼 거부 — 출산 거부' 현상으로 심화하고 있다.

여성이 경제력을 갖게 된다면, 그럼에도 출산의 부담, 육아의 부담, 가사의 부담, 해고의 부담을 갖지 않게 된다면 출산율은 올라가게 된다. 나아가 여성 인권 자체가 오를 수 있다. 구 동독이 그랬다. 아우가 교수의 설명이다.

"우선 동독 당시 여성의 노동 상황을 정리하죠. 법적으로 여성도 남성과 마찬가지로 노동자로서 권리를 갖고 있었습니다. 사회의 모든 일자리에 남녀가 동등하게 지원할 수 있었죠. 같은 일을 하면 당연히 남녀를 가리지 않고 동일한 임금을 받았습니다. 아

118

이를 낳는다고 해고될 일도 없었죠.

따라서 동독의 여성은 남편의 수입에 의존하지 않고 독자적인 생활을 할 수 있었습니다. 이 점은 중요해요. 물질적 기반이 있었기에 여성이 독자적으로 생각할 수 있었고, 해방적 사고를 할 수 있었죠. 여성이 남성에게 뒤지지 않는 경제력을 가질 수 있었기에 사회적으로 평등한 분위기가 만들어졌습니다.

(서독과 달리) 구 동독에서 포르노그래피가 불법이었다는 점도 짚고 싶습니다. 동독 정부는 여성의 몸을 물질화, 상품화하는 것에 반대했어요. 물론 동독이 특별히 여성 친화적인 국가여서는 아닙니다. 사회주의 국가였기 때문입니다.

동독의 여성 인권이 상대적으로 높았다는 점은 임신 석 달째까지는 낙태가 합법이었다는 것에서도 드러납니다. 당시 서독에서는 종교적 문제로 인해 낙태가 불법이었어요. 하지만 동독에서는 아니었죠. 이 같은 차이가 재통일 후 큰 사회적 논란으로 이어졌습니다. 구 동독 출신 여성이 '내 몸의 권리를 내가 가졌는데 왜 낙태를 못하게 하느냐'며 크게 반발했어요. 결과적으로 현재 독일은 동독 시절과 마찬가지로 낙태를 합법화했습니다. 이 같은 동독 시절의 상황을 정리하자면, 구 동독 여성을 재통일의 피해자로 볼 수 있습니다."

이 대목에서 일단 포르노그래피 규제를 짚을 필요가 있다. 구 동독 정부가 특별히 페미니즘적 정부는 아니었다. 당장 역대 서기장 자리도 남성이 차지했다. 그럼에도 구 동독이 포르노그래피를 불법화한 이유가 있다.

베를린의 슈타지 박물관에서 한 가지 눈에 띄는 자료를 찾을 수 있다. 슈타지의 인민 교육용 홍보지인데, 영국 록 밴드 아이언 메이든의 앨범 재킷(이들의 앨범 재킷에는 B급 코믹스 스타일의 악마적 이미지가 주로 이용된다)과 포르노그래피가 그려져 있다. 그리고 '서방의 타락상'이라는 글귀가 새겨져 있다. 닫힌 세계에서 록 음악과 포르노그래피는 흔히 서방의 가장 나쁜 타락상으로 묘사되곤 한다. 과거 한국도 그랬다. 헤비메탈은 악마의 음악이라는 식의 음모론이 극렬 개신교단체를 중심으로 제기됐는데, 심지어 유명 뮤지션 서태지와 아이들 역시 이 같은 음모론에 휩쓸릴 정도였다.

동서독의 대 여성관 차이를 흐릿하게나마 체험할 수 있는 장소가 있다. 프랑크푸르트역 부근이다. 유럽의 허브로 일컬어지는 프랑크푸르트역 부근은 성매매 장소로도 유명하다. 역을 나오면 바로 대규모 유흥가가 있는데, 세계에서 몰린 관광객이 다양한 나라의 음식을 파는 식당(중국식 식당이 아주 많다)으로 향하는 모습을 볼 수 있다. 이곳에서 조금만 더 전진하면, 좌측면에 으슥한 골목이 나온다. 성매매 업소가 몰려 있고, 어두침침한 분위기가 이어진다. 필자들이 이곳을 지날 때, 대낮임에도 당당한 표정으로 성매매 업소를 나오는 한 비즈니스맨을 발견했다. 통일 독일은 포르노그래피에 아주 관대하다. 여성을 성적 대상화하는 경향도 짙은 편이다(최근에는 아시아 여성을 대상화하는 광고가 문제시되기도 했다). 최근 들어 성매매 합법화에 따른 부작용이 서서히 알려지는 중이지만, 아직 이 같은 경향은 바뀌지 않았다. 성매매 합법화가 성 노동자의 안전을 보장하리라는 명목과 달리, 오히려 가난한 동유럽으로부터 서유럽으로의 여성 인신매매는 더 악화했다는 평가가 나왔다. 독일은 서유럽으로의 관문이다. 독일 여성 인권 수준 퇴행은 서독의 자취다.

그 결과가 이 대목에서는 더 중요해 보인다. 아우가 교수에 따르면 구 동독이 투철한 페미니즘 정부는 아니었다. 하지만 "SED는 실제 서방과 비교 우위를 강조하기 위해 '여성 해방'을 강조했다. '모든 사람은 노동해야 한다'는 사회주의 이념에 충실해야만 했기 때문이다."

서방은 악마의 음악을 듣고, 여성을 성 상품화하지만 인민을 해방하는 동독은 이미 여성 해방에 성공했다는, 아주 좋은 프로파간다가 이 대목에서 만들어졌음을 짐작할 수 있다. 그렇다면, 서독식 흡수 통일이 유독 구 동독 여성에게 더 가혹했다고 봐야 하지 않을까. 그렇다고 정리해야 할 것이다. 재통일 후 동독의 여성 인권은 어떤 의미에서는 오히려 후퇴했다.

"남녀가 평등한 환경에 익숙했던 구 동독 여성이 재통일 후 대량 실업의 여파에 휘말렸습니다. 물론 실업은 남녀 모두에게 공통된 사건이었지만, 여성의 실업률이 더 높았습니다. 여성은 이에 더해 서독식 '정상 가정'의 굴레에도 얽매였습니다. 재통일 직후 당시 구 동독 지역에는 싱글맘, 이혼 여성이 많았어요. 사회적으로 아무 문제가 없었기 때문이죠. 하지만 당시의 보수적 서독식 시각은 이 같은 여성을 '이상한 사람'으로 낙인찍었습니다. 하루아침에 이들 여성은 뭔가 나쁜 사람이 돼 버렸습니다.

재통일의 여파를 극복하고서도 한 번 시작된 차별은 구조적으로 남았습니다. 구 동독의 경제, 사회 시스템의 기본은 보육이었어요. 남녀 모두 일을 해야 했기에 아이는 국가가 돌보는 체제가 안착했죠. 하지만 서독에는 이 같은 제도가 미비했습니다. 결과적으로 재통일 후 상당 시간이 지나서도 부족한 인프라로 인해 구 동독 여성은 노동 현장으로 복귀하기가 힘들었습니다."

이에 관해, 예나에서의 취재를 도운 조경혜 씨에 따르면 신연방주의 보육 인프라가 구 연방주보다 좋은 상황인 듯싶다. 조경혜 씨는 신연방주 소속인 예나의 보육 시스템이 구 서독 지역에 비해 더 저렴하고 체계적이었다고 말했다. 물론 보육 복지는 어디까지나 세금에 의존하는 사업인 만큼, 조세가 많이 걷히는 구 서독 지역이 가난한 신연방주에 비해 일방적으로 나쁘리라 생각해서는 안 된다. 하지만 연방제 국가인 독일의 교육 제도는 주별로 다르다. 기존 보육 체계의 전통이 있는 구 연방주의 보육 시스템이 지역 소득 수준에도 불구하고 신연방주에 비해 크게 밀리지 않으리라 짐작 가능한 대목이다.

자본주의는 절대선이 아니다

아우가 교수에게 묻고 싶었던 이야기가 많았다. 특히 구 동독과 통일 독일의 여성 인권 차이에 관한 이야기를 더 많이 듣고 싶었다. 하지만 질문과 답변이 오묘하게 자꾸만 엇나갔다. 그가 하고 싶은 말이 분명히 있었기 때문이다. 인터뷰이 중에는 이처럼 자신이 전하고자 하는 메시지를 명확히 준비한 이가 있다. 이 경우, 인터뷰어가 준비한 질문만 한다면 인터뷰는 공회전하고, 말이 겉돌다 끝난다. 그의 말에 더 집중하기로 했다. 그는 지구적 자본주의 체제가 가져온 상흔의 관점으로 모든 문화 현상에 접근하고 있었다. 구 동독을 바라보는 구 서독의 시선을 그 일례로 끌어와, 아우가 교수는 설명을 이어 갔다. 해당 이야기를 그대로 정리했다.

"재통일 후 독일 매체가 동독을 어떻게 바라보았느냐가 중요해요. 동독은 실패한 국가라는 이미지가 너무 컸습니다. 이 같은 시각의 조명이 이어지면서, 동독은 '내부 식민지화'됐습니다. 동독을 나쁜 체제로 보는 이미지가 굳어지면서, 독재와 타협하지 않은 동독 출신까지 모두 한 단계 낮은 이로 매도하는 분위기가 강해졌죠.

이런 시각은 이른바 제1세계 사람들이 자본주의적 자유를 기준으로 다른 세계 사람의 가치를 평가 절하하는 일반적 태도입니다. 독일로 돌아가자면, 서독식 자본주의 가치를 자연주의화함으로써 일종의 세계의 기준으로 삼아 버린 거죠. 그러니, 구 동독 출신은 입이 있어도 말할 수 없는 상황에 내몰리게 됐습니다.

이에 더해, 나의 세상에 누군가는 넣고, 다른 누군가는 배제하는 건 모든 세상에서 작동하는 시스템이기 마련입니다. 우리는 체제 안의 사람, 너희는 바깥의 사람이라는 배제의 논리가 동서독 사이에서는 물론, 최근 난민 문제에서도 정확하게 같은 방식으로 작동하고 있습니다. 이는 단순히 '정체성'이나 '오스탈기'라는 말로 표현할 수 없는 문제예요."

이 책의 핵심 주제를 굳이 꼽자면 바로 이 이야기다. 현대 독일의 모든 문제, 크게는 지구적 문제를 바라보는 근본 인식을 이 이야기의 틀에서 정립할 수 있다.

재통일로부터 30년 가까운 시간이 흘렀다. 독일은 유럽의 선두주자로 도약했지만, 내부 문제는 만만치 않다. 독일 사회는 동서로 대표되는 지역 격차, 극우화, 젠더 갈등, 난민 문제, 빈부 격차 확대 등의 문제를 앓고 있다. 이 같은 문제는 동독 시절에는 경험하지 못한 새로운 장애물이다. 내부 식민지화의 피해자로 전락한 구 동독인은 재통일이 모든 문제의 근원이라는 생각, 혹은 사회에 새롭게 등장한 약자, 곧 난민이나 이민자가 문제의 근원이라는 도피처를 찾게 됐다. 통일이 낳은 내부 식민지화가 구 서독인 — 구 동독인 — 이민자(난민)로 구성된 사실상의 수직적 구도를 낳았다. 이런 위험성은 한국에도 존재한다. 한국 사회에 이미 남한 출신 — 중국 동포 — 북한 이탈 주민으로 이어지는 수직적 위계 관계가 만들어졌다고 말한다면 지나친 과장일까. 시야를 확장하면, 지구상 어디에서나 이런 문제가 포착된다. '제1세계', 곧 서구식 가치가 지구의 표준이 됨에 따라 나타난 현상이다. 동독 문제는 독일만의 특수한 골칫거리지만, 동시에 서구 자본주의가 표준이 된 지구 전 지역에서 나타나는 문제이기도 하다. 아우가 교수가 전하고자 한 내용의 핵심이다.

"'정체성'이라는 단어를 잘못 사용하면 위험합니다. 정체성의 단위는 흔히 국가 차원에서 정의되죠. 독일로 따지자면 '넌 (수준이 낮은)

동독 출신'이라는 식으로 말이에요. 이 단어가 사회를 지배하면 개인이 어떤 삶을 살았는지는 의미가 없어져요.

이런 잘못이 재통일 후 독일 내에 존재했습니다. 단순히 정부 차원에서만 위계가 내려지지 않았어요. 시민 사이에서도 정체성에 따른 낙인 현상이 발생했죠. 지배적인 담론에서 잘못 사용하는 단어를 바꿀 필요가 있습니다. 특히 (통일을 염원하는) 한국을 위해서도 필요한 과제가 아닌가 생각합니다."

'제3의 길'을 찾아야 한다

필자들은 독일에서 가진 모든 인터뷰에서 남북 관계에 관한 인터뷰이의 생각을 마지막 질문의 하나로 던졌다. 인터뷰이 대부분은 한반도와 전혀 관계가 없는 사람이고, 한반도는 고사하고 동북아시아 정세 전문가도 아니다. 필자들은 어떤 정리된 답을 구하고자 이 같은 질문을 던지지 않았다. 그저 통일 경험을 한 이들이라면 어떤 식으로든 자기만의 통일 논리 구조를 쌓았으리라 기대했다. 더구나, 이들은 아우가 교수에 따르면 통일 경쟁에서 패배한 자들이다. 실제 통일은 너무나도 멀어 아직 눈에 보이지도 않지만, 현재 남북통일 경쟁에서 앞서 나가는 한국은 오직 승리자의 입장에서만 '한반도 게임'을 바라볼 공산이 있다. 필자들은 패배자의 말을 듣고 싶었다. 강자의 논리만이 결코 우월하지 않다. 통일 한국이라는 새로운 사회를 준비하기 위해서는, 새로운 길을 모색해야 한다고 그는 강조했다.

"남북이 통일로 다가감에 따라 자연스럽게 누군가는 낙오할 수밖에 없습니다. 여기서 남북 사회는 낙오자를 최소화하는 경제 체제를 새롭게 만들려 노력해야 합니다. 즉, (남한 자본주의 일방의 방식이 아니라) 제3의 길을 찾으려 노력해야 해요. 한국의 시민 사회가 이 같은 담론을 꾸준히 재생산해야 합니다. 형식적 통일보다 더 중요한 과제일 수도 있습니다."

구 동독이 그랬다. 민주화 운동의 성공 후, 자신감을 얻은 구 동독 인민은 동독을 서독이 아닌, 옛 소련도 아닌 다른 나라로 만들고자 했다. 아우가 교수는 젊은 시절 그 운동의 최전선에 섰다.

아우가 교수는 기독교 가정의 자녀로 자랐다. 구 동독에서 기독교는 경계의 대상이었다. 더구나 그의 아버지는 엘리트인 수의사였는데, 그럼에도 SED 당원이 아니었다. 고모와 이모가 서독으로 탈출하려다 잡힌 집안 사연도 문제였다. 아우가 교수는 아비투어를 치르지 못했다. 그는 대안을 교회에서 찾았다.

"구 동독 당시 공교육 체계와는 별개로, 교회가 선교 목적으로 제공하는 교육 시스템(Sprachenkonvikt, 교회 기숙 학교)이 있었어요. 이 기관이 기독교 교육에 더해 고대 그리스어, 라틴어, 히브리어 등《성경》을 위한 언어도 가르쳤죠. 전 대학 진학 대신 이곳에서 교육받았어요. 1987년이었으니 스물세 살 때네요. 동베를린의 교회 기숙 학교에서 5년간 공부했습니다. 30~50명 정도의 동료들과 함께였죠. 재통일 후 제가 이수한 프로그램이 서독의 비슷한 교회 프로그램과

함께 훔볼트 대학에 통합되었고, 덕분에 훔볼트 대학 학위 이수를
인정받을 수 있었어요."

교회 기숙 학교에서 젊은 아우가는 동독 민주화에의 열망을
품게 됐다. 당시 그를 비롯한 많은 동독 젊은이가 동독에 '연대하
는 공동체'를 꿈꿨다. 아우가 교수의 말을 빌리자면 "많은 동독인
이 비록 서독보다는 가난해도, 도덕적이나 공동체적으로 더 좋은
사회를 만들 수 있다는 비전을 갖고 있었다." 그리고 이들은 "동
독식 공산 독재의 폐해를 거부했지만, 그렇다고 서독식 자본주의
역시 원하지 않았다. 자본주의 체제는 착취에 기반했기 때문이
다." 그들은 '제3의 길'을 가고자 했다.

베를린 장벽 붕괴라는 역사적 사건이 일어났다. SED는 독재
를 포기하고 1989년 12월 7일, 당 수뇌부와 시민운동가 지도부로
구성된 중앙원탁회의라는 새 기관 출범을 선언했다. 동독에 자유
투표를 바탕으로 한 민주 정부를 구성하려는 꿈이 점차 구체화하
고 있었다. 그러나 급박한 과정을 거쳐 동독은 결국 서독에 흡수
됐다. 동독 인민이 꿈꾸던 '제3의 길'은 그렇게 사라졌다. 한국에
서는 이 같은 모색이 가능할까. 통일로의 길이 한국 내부의 모순
과 한반도 문제를 동시에 해결할 방안이 될 수 있을까. 그 답은 오
직 7,000만 한반도 구성원의 손에 달려 있을 것이다.

(통역: 추영롱)

역시 맥주의 나라, 독일

독일에 가면 맥주를 양껏 마시고 와야 한다고들 이야기한다. 꼭 그럴 필요는 없겠으나, 분명 괜찮은 여행 목표라고 생각한다.

요즘은 한국에도 크래프트 맥주 붐이 일어 맥주 마니아가 굳이 좋은 맥주를 마시러 외국까지 나갈 필요는 사라졌다. 독일이라고 얼마나 대단하겠나. 대단한 수준의 맥주 마니아가 아닌 한, 독일의 수제 맥주나 한국의 수제 맥주나 큰 차이를 느끼지는 못하리라 여겨진다. 다만, 다른 점 하나가 있다.

맥주가 독일 음식 문화의 중심이라는 점이다. 이건 아주 중요하다. 한국에서 좋은 맥주를 마시려면 맥주가 중심인 식당에 가야 한다. 그렇지 않은 한, 한국에서 맥주는 기껏해야 '소맥의 재료'일 뿐이다. 맛있는 수제 맥주를 파는 삼겹살집을 찾기란 어렵다. 독일에서는 어느 식당에 가나 괜찮은 맥주를 만날 수 있다. 즉, 100점짜리 맥주는 한국이나 독일이나 찾아 마셔야 한다는 데서 같지만, 독일에선 어느 식당에 가나 최소한 80점은 되는 맥주를 만날 수 있다는 점이 다르다.

독일 음식은 맥주와 함께해야 제맛이다. 베를린의 명물이라는 케밥(터키 이주민의 사연을 담은 음식이다)은 물론, 햄버거, 클로쎄, 학센, 슈페츨레(작은 참새들이라는 뜻의 음식으로, 우리의 올챙이국수와 비슷한 느낌의 독일식 파스타)까지, 맥주와 궁합이 딱이다. 달리 말하자면, 대부분 음식이 짜다는 소리다.

지역마다 다르게 나오는 병맥주와 생맥주를 마셔 보는 것도 좋다. 베를린에선 베를리너 킨들을, 함부르크에선 아스트라 맥주와 리퍼반 에일을, 라이프치히에선 리터구츠 고제를, 프랑크푸르트에선 (맥주가 아니라 사과주인) 아펠바인을 마셔봄 직하다. 모두, 아주 좋다.

독일식 사과주 아펠바인.

4

과거사 청산 문제

공산 독재의
그늘

독재 정권은 필연적으로 경찰국가 체제를 완성한다. 공권력이 시민을 위협함으로써 독재 체제는 민주주의의 적이 된다. 민주화 전 한국이 그랬다. 현재 북한도 그렇다. 과거 동독이 그랬다.

슈타지가 동독 일당 독재 체제를 떠받쳤다. '당의 방패와 검'이라는 구호로 1950년 2월 출범한 방첩기관 슈타지는 베를린 장벽이 붕괴한 직후인 1989년 12월 14일 해체되기 전까지 동독 인민 1,450여만 명을 철저히 감시했다. 1950년 2,700여 명이었던 슈타지 공식 요원은 1989년 8만8,897명까지 늘어났다.

슈타지 요원은 민간인 비공식 협력자(IM, 민간인 비밀정보원)를 활용해 극단적인 시민 감시 활동을 벌였다. 1989년 당시 IM은 무려 18만여 명에 달했다. 그중에는 동독 포환던지기 대표선수로 1976년 몬트리올 올림픽 금메달리스트였던 우도 바이어(Udo

Beyer, IM 코드명 캡틴, 아래 사진의 오른쪽)도 있다. 펑크 밴드의 베이시스트, 동구권 국가의 관광객 등으로 위장한 IM이 동독 사회 곳곳에서 시민을 감시하고, 이른바 반체제 인사를 슈타지 교도소(Stasi-Untersuchungshaftanstalt)로 보냈다. 동독 시절, 25만 명 이상의 시민이 슈타지에 의해 정치범으로 몰려 고통받았다. 이들 중 수천 명은 시베리아 수용소로 추방됐다. 당시 슈타지 감시망은 인구 175명 중 1명꼴에 달할 정도였다. 슈타지의 모델이었던 소련 국가보안위원회(KGB)보다 훨씬 강력한 감시 체제였다.

재통일 후 독일 정부는 동독 시절 슈타지를 포함한 당국의 반인권 범죄 약 7만5,000건을 조사했다. 조사를 통해 10만여 명의 혐의대상자가 추려졌고, 이들 중 1,737명이 피고인으로 확정, 1,021명이 재판을 받았다. 이 중 유죄판결을 받은 이는 756명이었는데, 이들 중 92%는 집행유예를 선고받았다.

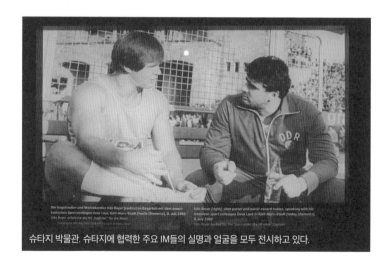

Der Kugelstoßer und Weltrekordler Udo Beyer (rechts) im Gespräch mit dem amerikanischen Sportskollegen Dave Laut, Karl-Marx-Stadt (heute Chemnitz), 9. Juli 1982 Udo Beyer arbeitete als IM „Kapitän" für die Stasi.

Udo Beyer (right), shot putter and world-record holder, speaking with his American sport colleague Dave Laut in Karl-Marx-Stadt (today Chemnitz), 9 July 1982 Tim Beyer worked for the Stasi under the IM name "Captain"

슈타지 박물관. 슈타지에 협력한 주요 IM들의 실명과 얼굴을 모두 전시하고 있다.

소개할 카를 하인츠 리히터 씨는 청소년 시절 슈타지 교도소
에 끌려갔다. 서독으로 몰래 탈출하려 했다는 이유였다. 이때부
터 리히터 씨의 평생에 걸친 동독 독재 정부와의 싸움이 시작된
다. 그는 슈타지와 갈등한 자기 삶을 기록한 책을 출판하기도 했
다. 지금은 베를린 호헨쉔하우젠(Berlin-Hohenschönhausen) 역사
박물관에서 가이드로 활동한다. 독일 언론과도 자신의 경험을 인
터뷰한 바 있다.

그의 삶을 정리하자면 자연스럽게 '북한 과거사 청산'이라는,
현재 해빙을 목표로 하는 한반도에서는 거론하기 매우 힘든 주제
가 떠오르게 된다. 작은 희망도 소중한 지금의 한반도에서 남북
한이 국가안전보위부(북한의 방첩기관) 문제를 다룰 수는 없다. 가
장 바람직한 건 긴 시간을 두고 북한 스스로 문제를 풀어 가는 것
이다. 여러 통일 전문가들이 남북통일을 긴 호흡으로 보되, 디테
일한 문제까지 준비해야 한다고 강조하는 이유며, 북한의 문제는
북한 스스로 풀도록 남한이 기다려야 한다고 강조하는 이유다.

탈출 실패… 슈타지에게 끌려가다

고령임에도 괄괄한 목소리와 건장한 체구가 인상적이었던 리
히터 씨(취미로 권투를 오래 했단다)는 1946년 7월 31일 브란덴부르크
주 동쪽의 슈바르츠하이데(Schwarzheide)에서 태어났다. 베를린 장
벽이 1961년 8월에 만들어졌으니, 리히터 씨는 오마지치 씨와 마
찬가지로 어린 시절 동서가 자유롭게 왕래하는 베를린을 경험했
다. 그가 청소년기 동독 당국과 불화한 이유였다. 이웃 간 교류가

활발했던 동독 사회에서 교류와 감시는 동전의 앞면과 뒷면이었다. 만인의 만인을 향한 감시 체제를 리히터 씨는 견디지 못했다.

"학교에 다닐 때 사회주의 체제를 찬양하고, 자본주의를 악마화하는 수업을 필수적으로 들어야 했어요. 난 그따위 수업이 마음에 안 들었어요. 그래서 1963년, 10학년까지만 마치고 김나지움을 그만뒀어요. 체제에 신물이 나서 친구 17명과 서베를린으로 탈출을 모색했죠. 탈출 방법은 간단해요. 다리에서 서베를린행 기차로 뛰어내리기로 했어요. 탈출 시도가 흥미로웠는지, 요즘에도 가끔 방송국에서 인터뷰 요청이 와요. 첩보영화 같다 생각들 하나 봐요.

부모님 생각 안 했느냐고? 물론 마음의 짐이 됐죠. 사회 분위기와 달리 우리 집 분위기는 좋았거든요. 그래서 탈출 계획을 짤 때 친구들과 이 문제를 많이 이야기했어요. 그런데 어쨌든 내 인생은 내가 살아야 하잖아요. 탈출하기로 했죠."

재수가 없었다. 리히터 씨만 탈출에 실패했다. 기차에서 떨어져 버렸다. 팔뼈와 갈비뼈가 골절되는 중상을 입고, 리히터 씨는 꼼짝없이 땅바닥에 드러누워 있었다. 그 상태로 슈타지에 발각됐다. 동베를린 북부 판코우(Pankow)의 교도소로 끌려가 여섯 달 간 수감됐다. 중상환자였음에도 수감 초기에는 슈타지가 그를 치료조차 하지 않으려 했다.

다행히 서독으로 도망한 친구들이 기자회견에서 그를 언급했다. 서방 언론이 이 사건을 대서특필했다. 그 덕분인지 치료를 받았지만, 사고 초반 치료를 제대로 받지 못해 후유증이 남았다. 부러진 뼈가 이상하게 붙어 버렸다. 골절 부위를 다시 절개하고 새로 붙이는 수술을 받아야만 했다. 리히터 씨는 출옥 후 열여덟 달 간 병원 신세를 졌다.

그리고 나서 리히터 씨는 엔지니어 직업 교육을 받았고, 기계공으로 일했다. 1968년 아내를 만났고, 1970년에는 결혼했다. 이후 친구 소개로 국영 정유회사 미놀(VEB Minol)의 주유소 직원으로 일했다. 이제 반항은 끝나고 평탄한 인민으로서의 삶이 이어져야 할 대목이었지만, 리히터 씨는 운명과 또 맞싸웠다.

동독과의 싸움

독재가 싫은 건 어쩔 수 없었다. 1974년부터 다시 그의 동독 탈출 시도가 이어졌다. 당국에 지속적으로 서독으로의 출국 허가 요청서를 올렸다. 그러던 어느 날, 슈타지가 리히터 씨의 아내를 체포했다. 아내는 여섯 달 간 수감된 후에야 풀려났다.

리히터 씨는 미놀에서 일할 때 가격 조작과 같은 방법으로 부당 이득을 조금씩 챙기곤 했다. 리히터 씨에 따르면 자신뿐만 아니라 주변의 많은 동독인이 당국과의 인맥으로 일자리를 구했고, 기회만 주어지면 부당 이익을 취했다고 한다. 이 사실은 그가 출판한 책에 직접 밝혀 놓았다. 리히터 씨는 '집단적인 타락을 정부를 향한 불신이라는 변명으로 위안했다'라고 자신의 책에 밝혔다.

부패는 어디서나 일어난다. 민주주의가 자본주의라는 가치관과의 틈에서 생겨나는 부패에 신음한다면 독재 체제에서 부패는 권력 관계에서 생겨나며, 힘이 일방향적으로 흐르듯 부패 역시 위에서 아래로 전이되기 마련이다. 이 같은 모습은 여러 증언을 통해 오늘날 북한에서도 발견됨을 간접 확인할 수 있다.

리히터 씨는 슈타지가 비리범인 자신 대신 아내를 체포한 이유는 자신의 반항심을 꺾기 위한 심리전으로밖에 설명할 수 없다고 단언했다. 베를린의 슈타지 박물관을 찾으면, 실제 리히터 씨 주장과 같은 내용의 설명이 실려 있다. 슈타지가 단순히 반체제 인사를 체포하는 것뿐만 아니라, 주변인을 괴롭히는 등의 심리전도 병행했다고 말이다.

결국 리히터 씨의 이주 요청은 받아들여졌다. 리히터 씨는 아내, 딸과 함께 1975년 8월 13일 합법적으로 동독 당국으로부터 '제명'되고 서베를린으로 이주했다. 어머니는 동독에 남았다. 리히터 씨의 아버지는 이미 돌아가신 상황이었다. 새 체제 적응에 부담을 느낀 어머니는 당시 만나고 있던 남자친구와 동독에서 생활을 이어 가기로 했다.

단순히 자신 개인의 용기와 집념으로 이뤄 낸 결과는 아니라고 리히터 씨는 말했다. 1975년 7월 30일 체결된 헬싱키 협정에서 세계 35개국은 주권존중, 전쟁방지, 인권보호에 나서기로 합의했는데, 이 협정에 동독이 동구권을 대표해 참가했다. 그 결과를 세계에 보여 주고자 한 동독 정부의 뜻과 리히터 씨의 의지가 잘 맞아떨어졌기에 이주가 이뤄지지 않았느냐는 게 그의 생각이다. 실제 동독은 체제 말기에 이르기 전에는 주로 복지 부담이 큰 비노동 계층, 즉 노인들의 서독 이주만 허용했다.

서베를린에서 리히터 씨는 화물차 운전업을 구했다. 이 차량을 이용해 그는 동독 당국에 복수를 계획하게 됐다. 어느 날, 자신과 같은 동독 출신의 직장 동료가 동독인 탈출을 돕는 뜻있는 일을 하자고 제안했다. 동독 정부를 향한 리히터 씨의 분노가 덥석 그 제안을 받아들이게끔 했다. 대형 화물차 좌석 뒤편에는 운전자가 누워서 휴식할 수 있는 공간이 있다. 장거리 화물차 운전자는 이 공간에서 취침하고, 긴 시간 휴식을 취하기도 한다. 이 공간을 독일에서는 '운전자의 집'이라고 부른다. 리히터 씨는 운전자의 집 하단부를 비우고, 매트리스 대신 나무판과 이불을 깔아 빈 공간을 만들었다. 이 공간에 동독을 탈출하는 이를 숨겨 서독으로 들여보냈다.

탈출 전, 미리 동독 측 사람과 접선 장소를 정했다. 접선 장소에 리히터 씨가 정차하면 대기하던 탈출자가 벼락같이 차에 뛰어들어 운전자의 집 아래에 숨어들었다. 서독 차량이 동독 내부로 진입하진 못했지만 동서독 교차 지역 고속도로는 다닐 수 있었기에 가능한 작전이었다. 리히터 씨는 이 방법으로 동독인 21명을 서독으로 태워 왔다.

외국 망명 그리고 귀국

일이 순탄하게 풀리지는 않았다. 알고 보니, 리히터 씨에게 그 일을 처음 제안한 이가 다름 아닌 슈타지의 IM이었다. 해당 탈출 계획 역시 슈타지가 리히터 씨를 잡기 위해 만든 함정이었다. 슈타지 박물관 기록에 따르면, 슈타지는 동독 출신 서독인 700명을 동독으로 불법 납치했다. 리히터 씨처럼 '찍힌' 이들이 주요 대상이었다. 이 일이 탄로나 리히터 씨는 서독에서 일자리도 잃게 됐다. 회사 자산을 불법 개조했다는 이유였다. 결국, 리히터 씨는 서독에서도 지내기 어렵게 됐다. 서독 경찰이 안전을 위해 독일을 떠날 것을 권고했다. 리히터 씨는 1979년, 서독 정착 4년 만에 나이지리아로 향했다. 나이지리아 생활에 적응하기 어려워 한 아내와 딸은 베를린과 나이지리아를 오가며 생활했고, 리히터 씨는 나이지리아에서 계속 일했다.

하지만 슈타지의 손길은 나이지리아까지 이어졌다. 리히터 씨는 안전을 위해 다시 이주해야 했다. 사우디아라비아가 다음 정착지였다. 리히터 씨는 사우디아라비아를 거점으로 요르단, 예멘 등에서 여러 일을 했다. 그중 주된 수입원은 위스키 밀수였다. 샤리아 지배를 따르는 이들 나라에서 술 밀수는 중범죄다. 들키면 사형까지 받을 수 있다. 리히터 씨처럼 평생을 모험하듯 살아온 이가 아니라면 쉽게 손대기 어려운 일이었으리라. 리히터 씨는 이 대목에서 킬킬 웃으며 "그때 돈 많이 벌었다"고 너스레를 떨었다.

리히터 씨의 안전이 확실하지 않은 만큼, 서독 경찰은 정기적으로 리히터 씨의 안부를 확인했다. 그렇게 리히터 씨는 독일과 옅은 끈을 계속 이어 가며 살아갔다. 운명의 시간이 다가올 때까지.

1989년이 왔다. 바깥에서도 독일의 변화를 확실히 알 수 있었다. 동독이 민주화의 기운으로 들끓었다. 독재 정부가 폭발한 인민의 목소리에 당황하고 있었다. 동구권을 지배하던 소련이 개혁과 개방의 기치를 내걸었다. 고르바초프가 에리히 호네커에게 직접 "동독 국내 개혁이 뒤처져선 안 된다"고 변화를 촉구할 정도였다. 서독 경찰로부터 '이제 베를린에 들어와도 괜찮다'는 답변을 받고, 10년 만의 고국행 비행기에 리히터 씨는 탑승했다. 곧바로 베를린 장벽을 찾았다. 거짓말처럼, 장벽이 무너졌다. 리히터 씨의 삶은 체제 저항을 좀처럼 찾아보기 어려운 북한의 그것보다는, 독재 정권과 싸운 남한 젊은이들의 이야기에 더 어울리는 듯도 싶다. 그의 삶은 여러 면에서 어제의 한국과 오늘의 북한을 보여 준다.

"갑자기 사람들이 동쪽에서 마구 밀려들어 왔어요. 아직도 잊을 수 없는 광경이죠. 지금도 당시를 생각하면 심장이 두근두근해요. 드디어 저 독재 체제가 무너졌죠!

전 동독과 불화했어요. 목소리를 냈기 때문이죠. 저 말고도 목소리를 내는 사람이 많았어요. 문제는 체제 말기가 오기 전까진 용기 있는 사람이 너무 적었다는 거예요. 더러운 체제에서 침묵한다면, 결국 그 체제 유지에 기여하는 사람이 되고 말아요. 침묵하는 이들이 소시민적인 평화, 저만의 평화를 추구한 걸 지나치게 몰아세우고 싶지는 않지만, 결과적으로 그들의 침묵이 다른 이에게 억압으로 돌아갔음을 알아야 해요.

베를린 장벽이 왜 무너졌겠어요? 동독 말기에는 경제적 상황이 너무 안 좋았어요. 판이 바뀌었죠. 그러다 보니 입 다물고 살던 사람까지 목소리를 내게 된 거예요. 예전에는 목소리를 내는 사람이 적으니 슈타지가 여러 심리 전략으로 체제를 통제할 수 있었지만, 그게 불가능해진 상황이 온 거죠.

동독만 변해서 장벽이 무너진 게 아니에요. 소련의 고르바초프가 개혁 개방 정책을 취하지 않았다면, 라이프치히 월요 시위 당시 대학살이 일어났을 거예요. 결과적으로 장벽은 운이 좋았기에 무너졌어요."

독재의 창은 약하다

강철 같았던 슈타지는 동독 붕괴와 함께 무너졌지만, 독일은 여전히 이를 기억하고 있다. 옛 슈타지 건물은 박물관으로 활용하고 있는데, 독일은 이곳에 슈타지의 만행뿐만 아니라 슈타지 최고위급 간부의 사치스러웠던 일상까지도 소상히 전시하고 있다. 슈타지의 마지막 수장이었던 에리히 밀케의 집무실은 전용 비서실을 포함해 공개적인 공간 하나와 손님을 맞아들이는 대형 응접실, 바로 곁에서 방문객을 감청하는 비밀 감청실, 그리고 침실이 딸린 비밀 응접실 등으로 구성됐다. 비밀 응접실은 출입구도 따로 있었는데, 밀케는 이 출입구를 통해 여성을 몰래 드나들게 했다고 한다. 부패의 온상이었던 셈이다.

독재는 겉으로 보기엔 강력하지만, 뒤집어 보자면 슈타지와 같은 강력한 폭력을 동반하지 않고는 권력을 유지하지 못할 정도로 허약한 체제다. '아랍의 봄' 사태 때 북아프리카, 중동의 많은 독재 국가가 단번에 휘청인 것만 봐도 이를 알 수 있다. 민주정은 체제에 문제가 생기면 선거로 이를 해결할 수 있지만(따라서 박근혜 정권 말기 터진 대규모 촛불 집회는 당시 한국의 민주 체제가 얼마나 위기였는가를 반증하기도 한다), 독재 체제에서는 안정된 변화가 불가능하기에 변혁은 인민 봉기로 이어지기 마련이다. 숱한 전제 왕조가 농민 봉기로 무너진 역사를 우리는 잘 안다. 이 같은 인식이 미국과 한국 강경론자들의 북한 제재 조치로 이어졌다. 하지만 외부에 더 큰 적이 있다면 내부는 하나로 뭉치기 마련이란 점을 간과해서는 안 될 것이다. 역으로 장기간의 제재에도 북한이 무너지지 않았다는 건, 북한 정권이 얼마나 특수한가를 보여 주는 사례이기도 하다. 리히터 씨는 이를 잘 알고 있었다.

남북한에 전하는 통일 선배의 조언

리히터 씨는 남북문제에 관심이 많았다. 이역만리 외국인의 그것이라고 말할 수 없을 정도로 북한 체제의 특수성을 이해했다. 그는 특히 통일 과정에서 두 특수한 체제의 결합이 결코 쉽지 않으리라며, 살아 있는 보통 사람의 언어로 의견을 전했다.

"내가 당신들만큼 그 사회를 잘 알진 못하겠지만, 북한은 여러 독재 체제 중에서도 손꼽힐 정도로 독특한 사례인 것 같아요. 그래서 저 항하는 이들이 쉽게 나오지 않겠지. 아마 동독보다 훨씬 강하게 이 데올로기 주입 교육을 하고 있지 않을까 싶어요.

남북 정상회담은 저도 아주 감동적으로 봤어요. 전 남북이 언젠가

꼭 통일 국가를 만들기를 바라요. 헤어졌던 이들이 다시 하나가 된 다는 건 아주 중요해요. 제가 보기에 남북통일에서 가장 해결하기 힘든 문제는 남북한 경제적 격차가 아니에요. 경제적 격차가 있더 라도 투자가 이어지면 경제 문제는 어떻게든 해결돼요. 정말 힘들 고, 정말 중요한 건 북쪽의 민주화예요. 북한 사람들 사고방식이 남 한 사람과 아주 많이 다를 걸요?

뭔가를 알아야 그리워할 수 있어요. 저는 베를린 장벽이 생기기 전을 알아서 자유가 뭔지 조금 알았어요. 그러니 자유를 그리워할 수 있었 어요. 그런데 북한 사람들이 과연 자유가 무엇인지 알까요? 자유가 뭔지도 모르는데 어떻게 자유를 그리워할 수 있겠어요? 이런 상황 에서 자유에 관한 막연한 환상을 품고 있다가 (통일 후) 현실을 마주하 면, 그 충격은 엄청나요. 남한 사람들은 상상조차 못 할 거예요.

북한 사람들에게 한마디 하고 싶어요. 통일 여건이 조성되면 남한에 기대하는 게 클 텐데, 그건 절대로 충족되지 않을 거예요. 이게 충족 되지 않음을 알게 되면, 크게 상처받을 수 있어요. 주제넘긴 하지만, 동독 출신으로서 제 경험을 말하자면 자본주의 사회에서는 개인이 자신의 인생을 책임져야 해요. 당이 도와주지 않아요. 동독 사람들 은 이 사실을 제대로 배우지 못해서 통일 후 매우 힘들었어요.

남한의 젊은 세대도 제가 보기엔 통일의 변수가 될 것 같아요. 그들 은 분단과 직접적 상관이 없잖아요? 그런데 통일 상황이 조성되면, 그들은 그 모든 변화가 자신의 부담이라고 생각하게 될 거예요. 북 한에서 온 사람을 향한 반발심이 강하게 일어날 수 있겠죠. 좋은 통 일을 이루려면 그들을 잘 달래야 해요.

통일 이후 대도시와 소도시의 격차, 빈부 격차로 인한 문제에도 주
의해야 해요. 남한에서 대도시와 소도시 사람 간 삶의 질이 차이 나
지 않아요? 그런데 통일이 되면 북쪽 사람이 많이 내려올 거 아니에
요. 그러면 원래 가진 것 없던 남한 사람들은 북한 사람을 더 미워하
게 될 거예요.

이런 일을 우리가 다 경험했어요. 재통일 후 독일에서도 다양한 방식
으로 '을'들의 싸움, 즉 약자가 다른 약자를 혐오하는 사회 현상이 일
어났어요. 아마 남북한에서도 비슷한 상황이 일어나지 않을까요?"

(통역: 추영롱)

베를린 전체가 분단 박물관

베를린이 클럽의 도시인만큼, 현지 클럽을 하나쯤 즐기면 좋겠다 싶었다. 필자들의 나이가 나이인지라, 더구나 취향 문제가 있는지라 전자음악 클럽이 아닌, 재즈 클럽을 찾았다. 관광 중심지인 미테 지역의 자연사박물관 인근 재즈바인 카바레 쿤스트파브릭 숄랏(Cabaret Kunstfabrik Schlot)이라는 곳이었다. 입장료는 12유로였고, 웰컴 드링크는 없었다.

이날 저녁 8시 반부터 공연이 잡혀 있었는데, 재즈 공연이 아니라 샹송 공연이 이어졌다. 알고 보니 샹송 페스티벌이 조촐하

베를린 장벽.

게 열리는 중이었다. 다섯 뮤지션이 무대에 올랐는데 자크 브렐의 <암스테르담(Amsterdam)>과 이브 몽탕의 <우리가 흔들 때(Quand on s'balade)> 등의 명곡을 라이브 무대로 만났다. 인상적이었던 공연은 무슬림으로 추정되는 한 뮤지션이 레너드 코헨의 명곡 <할렐루야>를 부르는 순간이었다. 익히 알려진 후렴구를 그는 한 번은 제 나라 언어(아마 아랍어가 아니었을까)로, 즉 무슬림적 신념이 담긴 언어로 부르고 다음 한 번은 원어 그대로 불렀는데, 모든 관객이 후렴구를 따라 노래했다. 종교 갈등이 극히 첨예한 시대, 작은 화해의 무대로 부르기 손색없었다.

유일하게 특별한 일정이 없는 날이 9월 15일 하루였다. 이날 필자들은 자료용 사진을 찍으러 베를린 시내를 돌아다녔다. 이스트 사이드 갤러리도 물론 찾았고, 그곳에서 그 유명한 작품 <형제의 키스>를 관람했다. 관광객이 이곳에만 몰려 사진을 찍기 매우 힘들었다. 한국 출신 아티스트를 비롯해 세계 여러 나라 아티스트들의 분단, 독재, 평화를 주제로 한 작품이 전시돼 있는데, 일본인 아티스트의 작품도 하나 있다. 뜬금없이 후지산이 정 가운데에 있고, 일본식 연호가 적혀 있었다. 왜 그런 그림을 그 곳에 그렸는지, 일제 식민 피해자의 눈으로는 이해할 수 없었다.

베를린 시 전체가 분단 박물관이다. 도시 곳곳에 옛 베를린 장벽의 흔적이 그대로 보존돼 있고, 여러 그래피티가 관광객의 눈길을 사로잡는다. 분단과 관련한 박물관도 아주 많다. 트라반트를 타고 시내를 관광하는 투어 상품도 있다. 대도시만 둘러보고 그 나라를 본다고 말하기에는 무리가 있다는 점에서 독일 역시 마찬가지다. 대도시는 세계화의 거점으로, 점차 국토 문화를 벗어나고 있기 때문이다. 허나, 베를린은 과거의 아픈 역사를 다른 대도시와 자신을 구분하게끔 하는 독특한 매력으로 승화한 곳이었다. 남북이 분단사를 슬기롭게 극복해 낸다면, 분단은 한국만의 관광 포인트가 될 것이다.

5

프라이당크 감독과의 만남

잔존한 동서 격차 ―
통일 독일의 그림자

'독일 영화'는 한국에서 그리 알려지지 않았다. 세계 3대 영화제 중 하나인 베를린 영화제를 제외하면, 한국에서 독일 영화를 대표하는 고유명사는 뉴 저먼 시네마의 기수인 빔 벤더스, 베르너 헤어조크 등의 몇몇 대가, 할리우드 감독이라 해야 할 롤랜드 에머리히 등 소수다.

더 깊이 들어가 보면, 독일 영화계란 곧 서독 출신 영화인의 전유물이라 해도 과언이 아니다. 동독 출신이 독일 영화계에서 설 자리를 찾기란 쉽지 않다. 영화계뿐만이 아니다. 독일 사회에서 서독 출신의 엘리트 계층 독점 현상은 아직 깨지지 않았다. 베를린사회과학연구소가 2012년 발표한 조사 자료에 따르면 독일 엘리트층의 95%가 서독 출신이며, 동독 출신은 2.8%에 불과하다. 이 같은 현상은 시간이 더 지나야, 즉 독일 재통일 후 태어난 젊은 세대가 사회에 진입하고도 충분한 시간이 지나야만 완화될 것이다.

요헨 알렉산더 프라이당크(1967년생) 감독은 예외적 사례다. 동베를린 출신의 프라이당크 감독은 지난 2009년 영화 <토이랜드(Toyland, Spielzeugland)>로 아카데미 단편 영화상을 수상했다. 이 영화로 세계의 관심을 받은 프라이당크 감독은 2014년 영화 <카프카의 굴(Kafka's the Burrow, Der Bau)>로 부산 국제 영화제를 찾기도 했다. 프라이당크 감독을 통일 독일에서 두각을 나타낸 구 동독 출신의 대표적 인물이라고 말하기에 부족함이 없을 것이다.

프라이당크 감독과 나눈 이야기 주제는 통일 후 동독, 정확히는 베를린의 변화와 동독인의 험난한 독일 주류 사회로의 진입 스토리다. 프라이당크 감독은 베를린 카를 마르크스 대로(Karl-Marx Allee) 부근에서 태어났다. '힙스터 천국' 베를린에서도 주목받는 클럽 문화의 중심지 중 하나인 프리드리히샤인(Friedrichshain) 부근이다. 알렉산더 광장으로부터 프리드리히샤인을 지나 쭉 이어지는 카를 마르크스 대로는 1958년 동독 시절 만들어졌다. 동독 사회주의 체제의 우수성을 대내외에 과시하기 위해 만들어진 이 대로는 동독의 다양한 정치 행사를 위해 사용됐다. 넓은 도로 폭부터 길을 좌우로 둘러싼 직각 느낌의 건물들까지, 서방의 이미지와 확연히 구분되는 거리다. 한때 동독 체제 선전용으로 기획한 이 거리를 지금은 세계 젊은이들이 찾는다. 마치 을지로 부근 공구상가가 젊은이들에 의해 재발견된 것과 같다.

프라이당크 감독이 현재 거주 중인 프렌츠라우어베르크

(Prenzlauerberg) 또한 옛 힙스터 거리로 유명했다. 미국의 팝 뮤지션 베이루트(Beirut)는 10대 시절 집시들과 어울려 유럽을 돌아다녔고, 자신이 머문 도시의 느낌을 2006년 발표한 데뷔 앨범《굴라크 오케스트라(Gulag Orkestar)》에 곡으로 실었다. 이 앨범의 두 번째 곡이 <프렌츠라우어베르크>다. 당시만 해도 이곳이 더 가난한 예술가들에게 열린 공간이었음을 짐작할 수 있다. 지금은 젠트리피케이션이 완료돼 가난한 이는 찾아보기 힘든 비싼 지역이 됐지만 말이다. 프라이당크 감독과의 인터뷰는 프렌츠라우어베르크의 한 카페에서 진행했다. 건물들은 깨끗했고, 사람들의 외양 역시 베를린의 다른 지역과는 조금 달랐다.

영화감독을 꿈꾼 동베를린 청년

프라이당크 감독은 1967년 9월 출생이다. 장벽이 세워진 후 태어났고, 장벽이 무너질 때는 혈기 왕성한 20대였다. 당시나 지금이나 변한 게 없다면, 베를린이 항상 그의 생활 중심이라는 점이다. 인구 300만 명의 대도시 베를린은 세계 주요국 수도가 그렇듯, 국제도시다. 서울보다 1.5배가량 큰 이 대도시의 이름난 거점에서 여러 문화색의 사람과 음식점이 각각 외양을 달리해 방문객을 맞는다. 분단 당시 베를린도 크게 다르지 않았다. 공산 진영의 최전방 도시답게 세계 여러 사회주의 국가에서 온 유학생과 노동자가 동베를린을 채웠다(북한 역시 베를린으로 유학생을 많이 보냈다. 이런 국제정치적 배경이 동백림 사건 등으로 대표되는 한국 역사의 굵직한 장면에 영향을 미쳤다).

148

프라이당크 감독은 아카데믹한 환경에서 어린 시절을 보냈다. 아버지는 베를린 자연사박물관에서 일하셨다(많은 동독 출신이 그랬듯, 아버지 역시 재통일 후 서독에서 온 사람에게 자리를 내줘야만 했다). 프라이당크 감독은 어린 시절부터 다양한 문화를 배경으로 한 다양한 이들로부터 상대적으로 많은 자극을 받으며 성장할 수 있었다.

그가 반한 건 연극이었다. 프라이당크 감독에 따르면, 동독에서 더 대중적 매체인 영화는 주로 체제 선전 도구로 활용됐다. 반면, 즉흥성 있는 예술 장르인 연극은 조금 더 정치비판적일 수 있었다. 독재 정권 시절 한국 역시 사정이 비슷한데, 1990년대 대학가만 하더라도 탈춤 동아리, 노래패 동아리, 연극 동아리 등이 학생 운동권과 대체로 깊은 인연을 맺곤 했다.

다만 프라이당크 감독은 성인이 되어 가면서 결과적으로 영화로 길을 정했다. 인터뷰 당시 그는 분단 시절 영향을 받은 동독 영화로 <차가운 심장(Das Kalte Herz)>과 1980년대 동독 펑크 록 신(Scene)을 다룬 다큐멘터리 <속삭이고 울부짖다(Flüstern und Schreien)>를 꼽았다. 하지만 그는 기본적으로 (한국의 AFKN과 같은) 주독 미군 방송 RIAS에 큰 영향을 받았다고 강조했다. 자유로운 체제의 영상이 어린 시절 그의 마음을 뒤흔든 셈이다. 한류 드라마가 북한 청소년에게 큰 영향을 미친다는 이야기와 역시 겹치는 부분이 있다.

아비투어 후, 젊은 프라이당크는 동독 국영 방송 ARD의 어린이, 청소년 프로그램 조연출로 커리어를 시작했다. 이후 인민군에 징집돼 사진병으로서 열여덟 달 간 복무했다. 동독에서는 (많은 부분 그렇듯) 형식적으로 인민의 징집거부권이 인정됐다. 그런데 징집거부자는 (과거 한국의 양심적 병역거부자와 마찬가지로) 수감 생활을 해야만 했다. 프라이당크 감독에 따르면 "당시 수감 생활이란 '죽으러 간다는 것'과 별반 다르지 않다"는 점에서 징집을 피할 길은 없었다. 더구나 아비투어까지 치른 그가 징집을 거부한다는 건 대학을 포기한다는 선언과 마찬가지였다. 어떻게든 군 생활은 해야 했다. 기독교 신자로서 (한국의 양심적 병역거부자와 마찬가지로) 무기를 들기를 원치 않았던 그에게 다행이었던 건 사진병이라는 대안을 찾아냈다는 점이다. 감독에 따르면 당시 그는 배우로서도 조금 활동했고, 영화계 경력이 있었기에 대안을 겨우 찾을 수 있었다고 한다. 그렇게, 예상하지 않은 새로운 시간을 맞이할 준비를 젊은 그는 하고 있었다.

과거 동독 시절의 상징이었던 TV타워.

바닥에서 상공으로

베를린 장벽이 무너질 당시 프라이당크 감독은 작은 연극 작품을 무대에 올리던 연출가였다. 동독에서 평화 시위가 연이어지긴 했으나, 그럼에도 장벽 붕괴라는 사건은 모든 이에게 그렇듯 젊은 프라이당크에게도 충격으로 다가왔다.

"기억에 남는 건 시위 구호입니다. '우리가 국민'이라는 구호가 항시 울려 퍼졌죠. 그런데 장벽 붕괴 후 꽤 시간이 흐르자 '우리는 하나의 국민'이라는 구호로 변했습니다. 이어서 시위에 국기가 등장하기 시작했습니다. 처음에는 동독기가 나왔으나, 나중에는 망치, 컴퍼스, 호밀 고리가 그려진 동독기가 사라지고 독일 국기(서독기)가 등장했습니다. 자연스럽게 동독이 서독에 흡수되는 상황이 되어 버렸죠."

독재 체제가 붕괴하고 자유로운 세상이 열렸다. 이제야 자유 독일에서 꿈을 마음껏 펼칠 수 있으리라 그는 기대했다. 하지만 기회의 틈은 통일 사회에서도 결코 벌어지지 않았다. 젊은 프라이당크는 베를린과 포츠담의 영화 대학에 다섯 차례 지원했으나 모두 낙방했다. 전공 교수와의 인터뷰 관문을 통과하지 못했다.

프라이당크 감독에 따르면, 독일 영화계에서 중요한 건 인맥이다. "대부분 성공한 독일 출신 감독은 부모님이 이미 유명한 영화인이었거나, 유력 집안 자녀인 경우"다. 예술계의 도제식 방식이 교수의 권위를 높였는데, 그로 인해 자신의 예술적 지향점을 고스란히 흡수할 학생을 원한 교수가 자기 세계관이 이미 만들어진 젊은 프라이당크를 원하지 않았다고 그는 분석했다. 프라이당크 감독은 이를 '미학적 기준의 차이'로 정리했다.

결국, 밑바닥에서 다시 시작할 수밖에 없었다. 영화, 방송, 연극판을 가리지 않고 현장 일을 했다. 젊은 프라이당크는 의상 업무를 제외한 모든 영화 관련 일을 해 봤고, 돈을 벌기 위해 새벽에 일어나 공장이나 슈퍼마켓에서 닥치는 대로 일하기도 했다. 동독 출신이라는 점이 그에게 낙인 효과로 작용한 것 아닐까. '무식한 동독 아이가 영화를 알긴 하겠느냐'는 서독 출신 영화계 인사의 편견이 그의 앞길을 막지는 않았을까.

"글쎄요……. 답변하기 어렵네요. '동독 출신자에게 차별이 작용한다'라고 입증할 수는 없습니다. 다만, 그 같은 느낌은 갖고 있었습니다. 비단 영화계뿐만이 아니라, 독일의 모든 중요한 자리, 즉 엘리트 계층에서 대체로 구 동독 출신은 극소수인 게 현실입니다. 반면, 인구로만 따지면 구 서독 출신이 구 동독 출신보다 많지만 아프가니스탄에 파병된 독일 군인의 절반가량은 동독 출신입니다. 체제가 서독 위주였으니 구조적 출발선이 달라서 생긴 결과랄까요. 어떤 분야든 더 높은 위치로 가려면 넘어야 할 장벽이 있는데, 이때 중요한 학벌, 인맥 등에서 동독 출신은 부족할 수밖에 없죠. 이 때문에 재통일의 열기가 가라앉은 후에는 너무나 컸던 기대에 따른 실망감이 사회에 번지기도 했습니다."

프라이당크 감독은 다만 '동서독 출신 간 사실상의 신분 체제가 작용하는 것 아니냐'는 지적에는 단호히 반대 의사를 밝혔다. 서독 위주의 흡수 통일이 가져온 어쩔 수 없는 현실이라는 게 그의 판단이었다. 그 증거로, 통일 후 세대에게서는 출신 지역이 구 동독이냐 아니냐가 중요하지 않다고 그는 강조했다.

성인기 분단 체제를 경험한 이와 그렇지 않은 이에게 재통일은 전혀 다른 의미로 다가올 수 있다는 뜻이다. 베를린 장벽 붕괴 이전 성년기를 체험한 구 동독인에게 재통일은 새로운 체제에 적응해야만 하는 힘겨운 시기를 수반했다. 통일 후 세대는 이 같은 충격으로부터 자유롭다.

이 같은 인식이 2004년 설문조사에서도 반영된다. 중앙대학교 김누리 교수의 2008년 논문 <동독의 귀환>에 따르면, 2004년 조사 당시 통일 독일 사회에서 서독 체제가 그대로 정착된 데 만족하는 동독인 비율은 1990년 41%에서 2004년 28%로 급락했고, 그 대안으로 '시장 경제, 휴머니즘, 사회주의를 결합한 국가 형태'를 선호한 동독인 비율은 같은 기간 39%에서 50%로 상승했다.

해당 조사는 에른스트 부시(Ernst Busch) 연극학교의 볼프강 엥글러(Wolfgang Engler) 교수가 실시했는데, 그 결과는 저서 《동독인의 아방가르드(Die Ostdeutschen als Avantgarde)》(2004)에 실렸다. 다만 이 조사에서 유념할 건, 오직 동독인만이 통일 독일의 자본주의 체제에 염증을 느낀 건 아니라는 점이다. 서독 체제의 근간이자 지금도 독일 체제의 근간이라 할 '사회적 시장 경제' 체제에 대한 불만은 서독인의 경우도 마찬가지여서 1994년에서

2005년 사이 긍정 평가는 60%에서 20%대로 급락했고, 부정 평가는 20%대에서 50%대로 올랐다. 성급하게 '이들은 더 신자유주의적인 체제를 원했다'라고 평가해서는 안 된다. 독일인들의 불만은 '분배가 악화된다'는 데 있었다.

프라이당크 감독의 이야기로 돌아간다. 이미 안착된 체제에서 밑바닥부터 기어오른 그는 힘겹게 모은 돈으로 자신만의 작품 <토이랜드>를 완성했다. 이 영화는 그의 삶을 바꿨다. 영화가 해외 유명 영화제에서 수상했다는 소식이 독일 사회에 알려지자, 그의 위치도 달라졌다.

이후 그는 성공한 독일의 젊은 감독으로서 새 시대를 대표하는 인물이 됐다. 그는 과거를 돌아보며 "동독 출신이었다는 점 때문에 삶이 특별히 더 힘들지는 않았다"고 말했다. 서독 출신 친구들이 늦잠을 잘 때 자신은 새벽부터 일어나 일해야 했지만 "결과적으로는 다양한 경험"을 할 수 있었다는 점, 무엇보다 "동독 체제에서 독일 체제로, 일종의 경계를 넘어가는 경험을 해 봤다는 점"이 자신에게 중요한 자산이 되었다고 그는 강조했다.

프라이당크 감독은 서독식 체제만이 작동한 통일 독일에서 오롯이 자기 힘으로 높은 허들을 넘었다. 그의 사례를 일반화해서는 곤란하다. 예외적이기 때문이다. 서독 위주의 체제에 제대로 안착하지 못한 상당수 구 동독인의 이야기가 통계적으로는 더 유의미하다. 이는 우리 사회가 북한 이탈 주민을 보는 관점에도 적용할 수 있다.

서독 주도 재통일의 그늘

일방적 체제 이식, 그 결과로 구 동독 사회가 새롭게 맞닥뜨린 문제는 누구도 예상치 못한 부작용을 낳았다. 구 동독 사회가 새로이 마주한 문제는 불평등과 빈부 격차, 그리고 대규모 실업 사태다. 이 같은 문제가 낳은 대표적 후유증이 바로 극우 문제다. 자본주의 체제가 한계에 달하자, 성장이 멈춘 대부분 발전 국가에서 극우화 바람과 정치 염증 현상이 나타나고 있다. 독일의 경우도 다르지 않으며, 특히 구 동독 사회가 그렇다. 우리는 앞서 오마지치 씨의 이야기에서도 이 점을 확인한 바 있다. 프라이당크 감독 역시 독일의 극우화 문제를 절실히 느끼고 있었다. 그러나 그는 이 문제를 단순히 '구 동독인의 극우화'로만 보아서는 안 된다는 점을 강조했다.

"맞아요. 요즘 구 동독을 대표하는 이미지 중 하나는 극우 문제인 듯합니다. 그런데 이보다 더 중요한, 당장 해결해야 할 문제가 많습니다. 제가 보기에는 나쁜 정치인들이 이 문제를 일종의 선동 수단으로 활용하면서 사회를 더 혼란스럽게 만드는 듯합니다. 물론 동독 지역에 극우적 생각을 가진 이들이 많습니다. 하지만 서독 지역에도 많습니다. 지난 켐니츠 사태 때 몰려든 극우 시위자 중에는 다른 지역에서 온 이들이 많았습니다.

지금 더 중요한 건 왜 저들이 불만을 갖는지를 알아내는 것입니다. 그리고 사태의 악화를 막고 다른 방식의 해결책을 찾아내는 것입니다. '구 동독 출신이 사회에 불만이 더 많을 수밖에 없는 구조가 이처럼 자신보다 더 약한 자(외국인)를 차별하는 문제로 폭발했다고 볼 수 있다'는 의견을 주셨군요. 글쎄요, 극단적으로 동독 출신을 단정하는 건 반대합니다만, 어느 정도 어려움이 있는 건 사실입니다.

주변 구 동독 출신 지인들을 보면, 기본적으로 독일 언론에 불만이 많습니다. 구 서독 언론이 미디어를 지배하니, 그들의 시각으로 동쪽을 바라본다는 거죠. 예를 들어 보죠. 구 동독에서는 저축 개념이 없었습니다. 오히려 부를 과하게 축적하는 건 공동체에 해를 끼치는 나쁜 일로 인식됐죠. 이처럼 현대인의 기준으로 보면 돈 관리 개념이 없이 모두가 살아왔는데, 재통일 후 극단적인 변화가 일어났습니다. 밀려날 수밖에 없는 상황이 됐죠. 구 동독 출신이 불만을 가지는 건, 어쩌면 당연하다고도 생각됩니다. 이런 점부터 살펴봐야 왜 신연방주의 일부 도시에서 극우 집회가 집중적으로 열리는가를 제대로 알 수 있지 않을까 싶습니다."

통일 정부를 향한 반발이 나오는 게 당연했다. 구 동독의 유명한 저항적 언더그라운드 펑크 밴드였던 필링 비(Feeling B) 멤버 중 한 사람은 재통일 후 반어적으로 "동독에도 충분히 문제가 많은데, 이제 우리가 서쪽 문제까지 감당하게 됐다"고 이야기했다. 이 밴드 출신 2명이 나중에는 독일 인기 록 밴드인 람슈타인(Rammstein)의 멤버가 됐다. 이처럼 일방적 흡수 통일은 처음부터 일방의 희생을 전제하고 출발했다. 당시부터 누적된 불만이 최근에는 극우 시위로 상징되는 현상으로까지 이어졌다고 프라이당크 감독은 진단했다.

베를린이라는 환상

프라이당크 감독은 인터뷰 중 자신의 베를리너(베를린 사람) 정체성을 꾸준히 드러냈다. 대부분 인터뷰이에게 '당신은 자신을 동독인이라 생각하느냐, 독일인이라 생각하느냐, 유럽인이라 생각하느냐'고 물었는데, 프라이당크 감독은 자신을 베를리너라고 답했다. 기실 적잖은 인터뷰이가 자신을 "튀링엔 사람", "예나 사람"이라고들 답변했다. 국가를 정체성의 기본 단위로 생각한 아시아 사람인 필자들과 유럽인의 사고방식 차이를 이런 국면에서 느낄 수 있었다. 필자들이 방문한 독일 대부분 도시에서 'Berliner', 'Jenaer', 'Frankfurter' 등의 홍보문구를 볼 수 있었다.

독일 분단의 상징인 베를린이라는 도시 자체를 이야기했다. 재통일 후 한때 젊은 예술인이 점령한 도시, 그 후에는 글로벌 젠트리피케이션의 첨단에 선 도시로 알려진 베를린의 과거와 오늘의 모습을 프라이당크 감독은 모두 목격했다.

"분단 시절 동베를린은 동독의 문화 중심지였습니다. 동독에서 예술깨나 한다는 사람은 전부 동베를린에 모였습니다. 동독의 파리였다고나 할까요. 동베를린 특유의 사투리가 있는데, 당시 그 사투리를 쓰면 뭔가 '쿨한' 사람으로 인식되었습니다.

동베를린이 물질적 측면에서 동독의 다른 도시보다 조금 더 풍족했다는 점도 중요합니다. 예를 들어 다른 도시에서는 케첩을 구하기 어려웠지만, 동베를린에서는 상대적으로 구하기 쉬웠습니다. 물론 1인당 2병으로 제한되긴 했지만요. 자연히 동베를린은 다른 곳에 비해서 생동감이 강한 도시였습니다. 서베를린과 가까워 서독 사람들과 연락하기 쉬웠고, 그 덕분에 더 살아 있는 서구 소식을 들을 수 있었습니다. 동베를린 사람은 기본적으로 동독 독재에 비판적이었습니다.

이런 외부와의 교류는 중요합니다. 동베를린만큼은 아니지만, 분단 시기 라이프치히도 박람회로 인해 일찍부터 외부 사람과 교류의 경험이 있었습니다. 같은 작센 주의 도시임에도 라이프치히는 드레스덴, 켐니츠 등과 다릅니다. 더 열려 있죠. 요즘 라이프치히에 젊은 예술인이 몰려드는 이유입니다. 반면 작센의 프라이탈(Freital)은 지형 문제로 인해 분단 시기 서독 방송을 보기 힘들었는데, 현재 난민, 극우 문제에 관해 가장 극단적인 도시의 하나입니다."

앞선 이야기의 주인공이었던 리히터 씨 역시 극우화 문제를 이야기하며 프라이탈 시를 거론했다. 그는 아주 날것 그대로의 단어를 사용했는데, 프라이탈을 '무개념의 계곡'이라고 멸시했다. 이 같은 지역 비하는 매우 바람직하지 않아 보이지만, 리히터 씨와 프라이당크 감독이 공통적으로 작센 주와 프라이탈을 특별히 지칭한 건 그만큼 독일 사람들이 동독 극우화 문제를 무척 심각하게 바라봄을 입증하기도 한다.

닫힌 다른 도시와 달리 진작부터 세계를 향해 열린 도시 감수성을 갖고 있었고, 재통일 직후에도 한동안 낮은 생활 물가가 유지된 덕분에 베를린은 세계의 젊은이를 끌어들였다. 지금도 베를린은 힙스터의 성지로 명성을 이어 가고 있다. '아직은' 상대적으로 저렴한 생활 물가가 유지되기 때문이다. 프라이당크 감독은 이 변화 과정을 그 중심에서 지켜봤다. 다만 그 신화는 서서히 빛바래고 있다고 그는 지적했다.

"실제 1990년대 말까지는 창조적인 분위기가 존재했어요. 통일 후 돈도 없고 직업도 없지만 집은 있던 동베를린 젊은이가 할 일이 뭐 있었겠어요? 파티했죠. 더구나, 동베를린의 특수성이 존재했어요. 독일 말로 '키츠(Kiez)'라고 하는데, '동네'라고 생각하시면 됩니다. 일종의 문화적 지역 개념이지만 지금은 행정적으로도 사용하죠. 베를린에 17개의 키츠가 있어요. 각 키츠별로 문화가 다릅니다. 이런 다양성이 베를린을 개방적이고 매력적인 도시로 만들었어요. 하지만 베를린의 개방성이란 백인에게만 작동하죠. 가난한 비백인에게는 결코 열려 있지 않아요. '난 오픈 마인드'라는 이 지역 사람들에게 '너희 아이를 터키계, 아랍계 아이들이 많은 학교에 보내도 괜찮으냐'고 물어보면 대부분이 싫다고 답해요. 소위 '베를린' 하면 떠오르는 이미지인 '가난한 예술가 동네'는 사실 좀 미신과 같은 측면이 있어요."

과거 동베를린의 이미지는 지금도 이어지고 있다. 다만 더 비싸고 화려하게, 말하자면 '더 자본주의 체제에 걸맞게' 변화하고 있다. 오늘날도 베를린은 꾸준히 옷을 갈아입고 있었다. 프라이당크 감독은 현재 베를린의 젠트리피케이션 상황을 설명했다.

"통일 전에는 이 지역(프렌츠라우어베르크 쉔하우저 대로 부근)에서 방 하나를 구하는 데 서독 화폐로 3마르크, 유로화로는 1.5유로 정도면 됐습니다. 그런데 지금은 월세로 1000유로(약 130만 원)가량이 듭니다. 30년 만에 670배 정도 올랐죠. 전 동독 출신으로 비교적 성공한 사례라 그나마 여기서 현실 유지가 가능하지만, 대부분 사람은 밀려날 수밖에 없었죠.

집 문제는 재통일 후 동독 출신이 경험한 가장 새로운 문제입니다. 동독 당시 집은 보급의 대상이었고, '일단 사람은 집에서 살아야 한다'는 개념이 있었기 때문에 문제가 되지 않았습니다. 하지만 지금 가난한 사람은 기본권조차 얻기 어려운 상황이 됐습니다. 최근 취재를 위해 스페인 바르셀로나에 갔는데, 그곳도 젠트리피케이션이 극심하더군요. 딱 과거 동베를린의 모습이었어요."

베를린의 젠트리피케이션은 여전히 진행 중이다. 프렌츠라우어베르크 — 프리드리히샤인 등을 거쳐 지금은 옛 서베를린 지역의 장벽 인접 도심이었던 노이퀼른이 떠오르고 있다. 노이퀼른은 대표적인 터키계 독일인 밀집 거주 지역이다. 자연히 현지 독일인 사이에는 상대적으로 치안이 좋지 않은 도심으로 인식되는데, 그 덕분인지 최근 독일의 젊은이들은 다른 알려진 도심보다 집값이 싼 이곳으로 몰리고 있다(필자들이 방문하기 얼마 전에 노이퀼른에서도 극우 시위가 있었고, 한 남성이 칼에 찔려 사망했다). 참고로 노이퀼른에 거주하는 터키계 독일인 대부분은 무슬림 원리주의 정책을 추진하는 에르도안 터키 대통령 지지자다. 북한 이탈 주민 상당

160

2장 통일은 여전히 진행 중

수가 자유한국당을 지지하는 현상, 망명 쿠바계 미국인 상당수가 쿠바 사회주의 혁명에 비판적인 것과 비슷한 모습이다. 그만큼 베를린에서, 프라이당크 감독과의 만남에서 우리는 한국과 닮은 여러 모습을 발견했다.

(통역: 추영롱)

동베를린 vs 서베를린

동베를린이 서방과 마주한 동구권 최대 선전 도시였듯, 서베를린은 동구권 한가운데 섬처럼 자리한 서방의 첨병 도시였다. 서독과 지리적으로 뚝 떨어진 상황을 반영하듯, 서베를린과 관련한 지리적, 문화적 이야기가 제법 있다. 베를린을 대표하는 독일 프로축구 클럽으로 서베를린 출신의 헤르타 BSC라는 팀이 있다. 동베를린에도 이 팀의 비밀 서포터 모임이 존재했는데, 구단은 이 점이 자랑스러웠는지 그들의 존재를 당당히 홍보했다. 이게 문제였다. 동독 정부에 대놓고 '동독에 서베를린을 지지하는 자들이 있다'는 신호를 준 셈이나 마찬가지였기 때문이다.

서베를린은 유럽을 대표하는 대중음악의 도시이기도 했다. 대표적 사례로 2016년 타계한 세계적 뮤지션 데이비드 보위는 이른바 '베를린 3부작'이라 불린 명반 3장을 서베를린의 장벽 인근에서 녹음했다. 이들 앨범 3장에는 <노이쾰른(Neuköln)>, <위핑 월(Weeping Wall)>, <스테이션 투 스테이션(Station to Station)> 등 당시 베를린을 상징하는 곡들이 있고, 특히 베를린 장벽을 테마로 한 곡 <히어로스(Heroes)>가 유명하다.

지금 베를린도 그렇지만, 분단 당시 서베를린은 유럽 클럽 문화의 중심지였다. 이유가 있다. 서베를린이 섬처럼 떨어진 도시이다 보니 인구 유입을 기대하기 힘든 상황이었다. 인구가 줄어들면 자연히 세금이 줄어들어 도시는 더 악화된다. 이를 타개하기 위해 당시 시 정부가 내놓은 대책이 파티와 마약 단속 완화였다. 그 결과, 여름 휴가철마다 서독 전역의 젊은 클러버들이 서베를린에 모여 밤새 술과 마약, 음악에 취한 파티를 이어 갔다. 이 분위기가 재통일 후 상대적으로 집값이 저렴한 동베를린으로까지 이어졌다. 현재 베를린에 클럽 투어라는 관광 프로그램이 만들어진 배경이다.

프라이당크 감독이 태어난 카를 마르크스 대로 부근의 모습.

163

6

힐베트르 시장 이야기

극우 현상?
한국도 다르지 않다

최근 국제뉴스에서 독일 뉴스는 주로 난민 문제, 극우 시위 문제 등으로 도배된다. 독일도 인정하는 문제다. 2018년 9월 29일, 독일 재통일 기념일을 나흘 앞두고 앙겔라 메르켈 독일 총리는 한 언론과 인터뷰에서 "독일 재통일은 성공적이었지만, 1990년대 초반 발생한 많은 일을 (우리가) 오늘날 다시 직면하고 있다"고 지적했다. 메르켈 총리가 지적한 '다시금 직면한 갈등'이 최근 독일을 넘어 유럽 전역, 나아가 세계를 뒤흔드는 극우화 바람이다.

독일 극우 세력의 핵심은 '독일을 위한 대안당(AfD, Alternative für Deutschland)'이다. 유럽통합에 반대하며, 동성애, 다문화주의도 거부하는 전형적인 극우 집단의 모습을 보인다. 이들은 최근 난민 문제를 계기로 급격히 세를 불리고 있다. AfD가 특히 큰 지지를 받는 지역이 구 동독인 신연방주다.

AfD가 독일 연방의회 입성을 위해 움직이는 정치 세력이라면, 독일 극우화의 다른 한 축에는 페기다(Pegida: Patriotische Europäer gegen die Islamisierung des Abendlandes)가 있다. '유럽의 이슬람화에 저항하는 애국적 유럽인의 모임'이라는 뜻의 이 단체는 독일 작센 주의 주도인 드레스덴에서 매주 월요일마다 반 이슬람 집회를 이어 가며 극우주의 세력의 힘을 과시하고 있다.

독일에서 극우주의 바람이 부는 현상은 단순히 한두 가지 원인을 꼽아 이야기할 수 없는 문제다. 신자유주의 체제의 폐해, 인류사를 관통하는 타 민족 배제 정서 등이 얽혀 있기 때문이다. 하지만 독일에서 유독 신연방주, 즉 구 동독 지역을 중심으로 극우화 바람이 거센 이유를 재통일의 후유증과 떼 놓고 이야기할 수 없다. 이는 한국에도 시사하는 바가 있다. 북한을 구 동독 지역과 함께 묶어 생각해 볼 법한 주제이기 때문이다. 우리는 적잖은 탈북자 단체가 극우적 정치 주장에 동조하는 모습을 보아 왔다.

필자들은 페기다 운동의 시발점인 드레스덴을 찾아 디르크 힐베르트(1971년생) 시장을 만났다. 마침 인터뷰일은 2018년 9월 17일, 월요일이었다(다음 일정에 쫓겨 급히 움직이느라 실제 시위가 일어나는 모습은 확인하지 못했다. '대머리, 검정 신발에 흰색 신발끈을 묶은 사람들'이 저녁 무렵 드레드덴역 부근에 밀집한 광경만 봤다. 현지인에 따르면 대체로 이 같은 드레스코드의 사람들이 극우주의자라고 한다).

드레스덴에서 태어난 힐베르트 시장은 한국 언론에도 얼굴이 알려진 인물이다. 성악가인 아내가 한국인이기 때문이다. 자유민주당(FDP, 신자유주의적 기조를 내건 정당이지만 한국의 자유한국당과는 조금 노선이 다르다. 민영화, 규제 완화 등을 기치로 내걸고 있으며, 복지를 줄이고 기본소득제 도입을 요구한다. 동성 파트너의 법적 지위를 인정해야 한다는 입장 역시 주요 정책이다)의 지지를 받은 그는 2015년 선거에서 범야권 후보로 나와 당선됐다.

이처럼 여러 정당 기조에 한 발씩 걸친 이미지 덕분인지, 그는 선거 당시 페기다의 지지를 받기도 했다. 그럼에도 선거에서는 다문화 가족인 자신의 배경을 적극 홍보하며 드레스덴을 다문화가 공존하는 도시로 만들자고 강조했다. 시장 당선 후에는 극우단체를 비판하는 발언을 했다가 사흘간 그의 가족이 경찰의 신변 보호를 받기도 했다. 한국 정치를 바라보는 시각만으로는 그를 단정하기가 쉽잖다.

구 동독은 지금 세계와 대화하는 중

힐베르트 시장은 1998년 드레스덴 공대를 졸업했다. 당시만 해도 그는 정치와 관련이 없었다. 성인이 될 때까지 힐베르트와 정치를 연관 지은 인물은 그의 할아버지가 유일한데, 당시 그의 할아버지는 동독의 위성 정당이었던 기독교민주연합(CDU) 당원이었다.

힐베르트 시장이 정치에 입문한 시기는 2001년이다. 평범한 직장인이었던 힐베르트는 이 해 여름 프랑스 니스(Nice)에서 휴가를 즐기고 있었다. 그런데 이때 우연찮게 FDP로부터 '드레스덴 시 경제부 담당자로 선거에 출마할 생각이 있느냐'는 권유를 받았다. 이에 2001년 6월 8일, 그는 휴가지에서 선거 후보로 등록

했고, 석 달 후 열린 선거에서 당선됐다. 정치인 이력의 시작이다. 독일 재통일이 그의 인생 항로를 예상치 못한 곳으로 이끌었다고 생각할 수 있는 대목이다.

재통일로부터 긴 시간이 흘렀다. 드레스덴은 2차 세계 대전의 대폭격, 공산화로 인한 상처를 딛고 다시금 엘베 강을 상징하는 유럽의 관광지로 부상하고 있다. 많은 것이 바뀌었다. 다만 아쉬운 건, 드레스덴이 독일 극우 운동인 페기다 운동의 중심지이기도 하다는 점이다. 힐베르트 시장에게 곧바로 페기다 문제에 관한 생각을 물어보았다.

"재통일 이전 구 동독 사람은 외국인을 많이 접하지 못했어요. 그런데 재통일 후 많은 외국인이 갑자기 밀려들어 왔죠. 이 가운데 테러 뉴스가 소개되면서 사람들의 불안을 부채질했어요. 이런 이유로 시위가 일어났다고 봅니다.

구 동독의 이런 배타적 모습만 지나치게 부각되고 있다는 점이 문제입니다. 지금껏 드레스덴과 작센 주는 많은 유학생을 받았고, 이들이 지역민과 함께 사는 공동 사회를 이루기 위해 큰 노력을 기울였습니다. 그러나 언론은 이 점을 주목하지 않죠.

드레스덴 시 차원의 정책 하나를 소개해 드리죠. 우리는 난민들에게 좋은 집을 제공합니다. 드레스덴 내 독일인 가정 하나를 연결해 이들의 정착을 돕기도 합니다. 난민 가족을 정기적으로 시청에 초대해 대화의 시간을 갖습니다. 대화를 나누면 자연스럽게 외국인을 향한 (독일인의) 두려움도 사라질 수 있습니다."

힐베르트 시장은 언론에 불만을 가진 듯했다. 좋은 소식은 보도하지 않고, 비판할 거리만 찾는 언론의 보도 태도로 인해 극우 문제가 필요 이상으로 부각되는 것 아니냐는 입장이었다. "실제 난민 중에는 범죄를 저지르는 이들이 있다. 하지만 독일인 중에도 범죄자가 있다. 그런데 독일 언론은 난민이 저지른 범죄만 기사화한다. 이런 기사가 자꾸 나오니 현지인이 난민에게 더 편견을 갖게 된다"는 게 힐베르트 시장의 입장이었다.

실제 힐베르트 시장의 말이 얼마나 진실인가를 알 수는 없다. 다만 이 대목에서 새겨봄 직한 건, '독일 언론이 난민 범죄만 기사화한다'는 그의 말이다. 이는 사건성을 쫓기 마련인 언론의 전형적 보도 태도다. 한국에서도 이 같은 상황이 일어난다. 중국 동포 범죄가 기사로 부각됨에 따라 대중이 중국 동포에 필요 이상의 혐오감을 갖는 현상이 그것이다.

인터뷰 내내 힐베르트 시장은 예상보다 자주 한국 이야기를 했다. 한국 사정도 생각보다 잘 알고 있었다. 인터뷰 당시 제주도의 예멘 난민 문제로 인해 한국 인터넷이 뜨겁게 달아올랐다. 그는 이 사건도 정확히 알고 있었다. 그는 한국의 상황을 이야기하며 단순히 극우화 문제를 독일만의 그것으로 치부하지 말아 달라는 입장을 피력했다. 힐베르트 시장과의 인터뷰 기사가 처음 나갔을 당시, 많은 누리꾼이 댓글로 '(예멘 난민을 거부한) 내가 극우냐'는 항의를 한 배경이다. 힐베르트 시장의 이야기는 다음과 같았다.

"한국의 상황에 우리 현실을 빗대고 싶어요. 당신이 알다시피 전 한국인과 결혼했고, 한국 상황을 잘 압니다. 한국도 최근 난민 문제에 반대 목소리를 낸 걸로 알아요. 필리핀, 인도네시아 등 동남아시아 국가 사람들을 반대하는(혐오하는) 이들이 많다고 들었습니다. 이 점에서 한국도 사실 구 동독과 다르지 않습니다. 세계에 열리지 않았던 사람들이 갑자기 닥친 변화에 당황해 그 같은 입장을 취한 것으로 이해합니다. 이들과 더 교류해야 해요.

앞으로도 난민 문제는 세계적 이슈가 되리라고 봅니다. 드레스덴은 다른 도시보다 앞장서 이 문제로 인한 갈등을 겪었어요. 우리 도시가 모두가 하나 되는 프로그램을 잘 기획해 세계 여러 공동체에 본보기가 될 수 있으리라 생각합니다."

독일 극우 사태

힐베트르 시장의 이런 열린 생각에 한국인 아내가 일정 정도 영향을 미쳤다. 그는 한국인 아내와의 결혼을 통해 다른 문화를 존중하는 법을 배웠다고 했다. 힐베르트 시장은 시청을 방문하는 손님을 맞을 때마다 커피와 한국 차 중 하나를 선택할 것을 권유한다.

가족과의 관계가 힐베르트 시장이 지지자와 충돌하는 일로 이어졌다. 2016년 당시 드레스덴에 들어오는 난민의 거주지 문제가 불거졌다. 시장은 "숙소가 없다면 우리 집 거실이라도 내놓겠다"며 시민의 참여를 권유했다. 이 소식이 그에게 표를 던진 페기다를 자극했다. 페기다 회원들이 '(난민 대신) 자신들이 머물겠다'

169

며 힐베르트 시장의 집으로 몰려들었다. 안전 문제를 우려한 드레스덴 경찰이 일정 기간 힐베르트 시장 가족 신변을 보호했다. 이 같은 사건이 일어났음에도 힐베르트 시장은 "다른 나라로부터 온 이웃과 관계를 통해 우리는 다문화를 자연스럽게 경험하고, 서로의 문화를 존중하면서 소통하는 법을 배울 수 있다"고 힘줘 말했다. 그는 '당신 가족을 난민을 반대하는 한국인을 향한 답변으로 이해해도 되겠느냐'는 필자들의 질문에 적극적으로 답변했다. "물론이다. 어려운 일이 일어날수록 마음을 닫지 말고 더 적극적으로 소통해야 한다."

그래도 통일이 답

구 동독 출신인 힐베르트 시장은 재통일의 혜택을 받은 인물이라 할 수 있다. 지역민도 그를 지지한다. 2017년 8월 20일 독일 여론조사 업체 포르자가 실시한 조사에 따르면, 힐베르트 시장은 독일 자치단체장 중 시정 만족도 4위에 올랐다. 이 같은 지지가 난민을 향한 열린 정책만으로 나올 수는 없다. 결국 먹고사는 문제가 중요하다.

드레스덴은 신연방주에서 상대적으로 빠른 속도로 발전하는 도시다. 처음 필자들이 그를 만나기 전에는 드레스덴의 역사적 배경, 즉 과거 작센 왕국 시절의 영화가 가져다 준 관광 자원과 독일 남동부 — 동유럽을 잇는 교통 요지로서의 지역적 영향력이 성장세를 견인했으리라 추측했다. 하지만 시장의 답변은 그렇지 않았다. 남북 경제 협력 분야에서 한국은 물론 북한도 참고할 만한 이야기가 이어졌다.

"휴먼 파워가 중요했어요. 드레스덴에는 좋은 대학이 있었고, 이에 따라 핵심적인 연구소도 원래 있었습니다. 이 인재들이 재통일 이후에도 드레스덴 발전을 견인하는 원동력이었죠. 지금도 대기업의 투자가 이어지는 이유입니다. 최근에는 폭스바겐이 드레스덴에 전기자동차 사업 관련 대규모 투자를 결정했어요.

물론 전략도 중요했습니다. 우리는 신기술 분야 기업 유치에 집중합니다. 어차피 옛 기술, 전통 산업부문에서 신연방주는 서독 지역과 경쟁할 수 없어요. 이미 그곳에 인프라, 인력이 다 갖춰져 있으니까요. 그래서 우리는 오직 신기술 산업 분야에만 집중했습니다. 그 성과가 나타나고 있습니다. 예를 들어, 드레스덴은 차세대 태양 전지 기술을 보유한 기업을 최근 유치했습니다."

잠시 한반도 평화 정착 프로세스를 추측해 보자. 어려움이 있지만, 여러 고비를 넘겨 북미가 평화에 합의한다. 이건 겨우 첫 번째 단계일 뿐이다. 다음으로 남북이 협력을 더 본격화한다. 이건 두 번째다. 이어 민간 자본의 북한 투자가 이어진다. 이게 세 번째이자, 평화를 위한 가장 실질적이고 중요한 단계다.

한국 자본이 북한에 진출한다면, 남북은 정치적으로는 물론 경제적으로도 동반자가 된다. 미국 자본이 북한에 들어간다면? 북한은 이제 미국의 공격을 두려워하지 않아도 된다. 미국은 북한의 번영을 바라게 된다. 원-원 관계가 성립되기 때문이다. 이

민간 자본 투자 과정이 가장 중요하다고 힐베르트 시장은 강조했다. 서독 기업 자본을 끌어오기 위해 고심한 그의 경험이 묻어났다.

"우리의 경험을 되돌아보면, 구 동독 사람은 재통일로 인해 그간 자신이 살아오던 세계가 완전히 무너지는 경험을 했습니다. 이는 사람이 견뎌 내기 아주 힘든 사건이에요. 이 상황에서 남한 사람이 북한 사람에게 '당신은 우리보다 덜 배웠으니 당신의 삶은 가치가 없다'는 태도를 보인다면, 초기의 통일 열기는 확 가라앉고 사회는 더 침체될 것입니다.

두 체제의 통일을 위해서는 아주 큰 용기가 필요합니다. 남한 기업이 용기를 갖고 북한에 투자해야 해요. 남한 정부는 이를 뒷받침하기 위해 북한에 투자하는 기업에 세제 혜택을 주는 것과 같은 용기를 내야 합니다. 이 같은 투자가 잘되지 않는다면, 상당수 북한 사람은 잘사는 남한으로 몰려갈 거예요. 이는 더 좋지 않은 결과를 낳을 뿐입니다.

그간 혼란이 있었지만, 재통일은 결과적으로 독일의 성장을 도왔습니다. 재통일로 인해 같은 언어를 쓰는 인력 공급이 확대되어 독일 기업은 독일어를 쓰는 각 분야 전문가를 더 쉽게 채용할 수 있었기 때문이죠. 남북한에도 같은 일이 일어나리라고 봅니다.

남북을 합한 인구가 약 7,000만 명 정도가 되는 걸로 알아요. 그만큼 한국 기업은 통일 후 더 좋은 인재를 쉽게 채용할 수 있을 겁니다. 통일 후 혼란을 잘만 극복한다면, 아시아에서 한국의 정치력과 경제력이 더 커질 겁니다."

(통역: 박영철)

켐니츠의 오늘

필자들은 힐베르트 시장과의 인터뷰를 전후해 베를린 — 드레스덴 — 켐니츠를 연달아 이동했다. 독일 극우 운동의 현 주소인 켐니츠를 꼭 둘러보고 싶었기 때문에 일정을 추가 변경한 결과였다.

2018년 8월 26일, 인구 약 25만 명의 작센 주 주요 도시 켐니츠에서 서른다섯 살 된 쿠바계 독일 남성이 흉기에 찔려 사망했다. 체포된 용의자는 시리아 출신 스물세 살 남성과 이라크 출신 스물두 살 남성이었다. 이 소식이 전해진 하루 후인 같은 달 27일, 전국에서 약 6,000명의 극우단체 회원이 켐니츠에 결집해 반 난민, 반 이민자, 네오 나치 구호가 섞인 인종차별 집회를 열었다. 이들이 주로 외친 구호 중 하나는 (난민을 끌어안은 주역으로 이들이 평가하는) "메르켈은 물러가라(Merkel muss weg)!"였다. 사건은 더 커졌다. 같은 달 29일, 용의자 2명의 인적 정보가 담긴 구속영장이 유출됐다. 역시 극우주의자인 작센 주 교도관의 소행이었다.

페기다와 AfD를 지지한다고 알려진 '프로 켐니츠'를 포함한 단체들이 용의자 인적 정보를 온라인에 퍼뜨렸다. 이 정보를 확인하고 전국에서 켐니츠로 몰려든 극우 세력은 난민으로 추정되는 이들에게 무차별 린치를 가하는, 사실상 인간사냥을 방불케 하는 폭력 집회를 열었다. 독일이 발칵 뒤집혔다.

극우 세력에 반대하는 이들의 저항도 본격화했다. 2018년 9월 1일, 열린 독일을 지향하는 1만1,000여 명의 시민이 켐니츠에 모여 시위를 열었다. 같은 달 3일에는 뮤지션들이 주도해 한국의 촛불 집회와 같은 콘서트 형식의 극우 반대 시위를 열었다. 이 시위에 6만5,000여 명의 시민이 참석했다. 브란덴부르크 주 출신 예술가 라이너 오폴카(Rainer Opolka)는 켐니츠의 명물인 카를 마르크스 두상 주변에 나치식 경례를 하는 늑대 여러 마리가 모인 형상의 섬뜩한 조형 작품 <그 늑대들이 돌아왔나(Die Wölfe sind zurück)?>를 전시해 극우단체를 비판했다(이 작품은 필자들이 켐니츠를 찾은 때는 이미 철거되어 있었다). 독일 전역이 난민 문제, 극우 문제로 갈라졌다.

주목할 것은 켐니츠와 작센 주다. 한때 독일 연방 최고의 지역으로 꼽히던 작센 주는 2차 세계 대전 이후 영화를 잃었다. 연합군은 독일을 향한 보복 대상으로 작센 주를 선택, 드레스덴에 집중 폭격을 퍼부어 도시를 불바다로 만들었다. 이 같은 역사를 공유한 켐니츠는 동독 시절 카를 마르크스 시(Karl Marx Stadt)로 개칭되어 동독의 주요 공업 도시로 성장했으나, 재통일 이후 생산 기반을 송두리째 잃었다. 독일 재통일로 인한 신연방주의 피해를 상징하는 도시다.

필자들은 힐베르트 시장과의 인터뷰 직후, 곧바로 켐니츠를 찾았다. 도심은 한참 활기가 넘쳐야 할 시간인 오전 9시경, 오후 5시경에도 텅 비어 있었다. 예상보다 더 조용한 도시 상황으로 인해 충격을 받을 정도였다. 백화점이 있는 중심가를 제외하면, 카를 마르크스 두상 인근에도 텅 빈 상점이 많았다. 사람은 거의 눈에 띄지 않았다. 실업의 상처가 지금도 도시 곳곳에 진하게 남아 있었다.

필자들이 방문한 날 저녁에도 카를 마르크스 두상 근처에서 시위가 열리고 있었다. 극우 세력에 반대하는 이들이 모인 시위였다. 두상 뒤에는 큰 현수막이 "켐니츠는 회색도, 갈색도 아니다(Chemnitz ist weder grau noch braun)!"라는 글귀로 장식됐다. 독일에서 갈색은 나치를 상징하는 색으로 이해된다. 회색은 획일성을 뜻한다. 즉, 이 말은 "켐니츠는 인종주의를 반대하며, 다양성을 지향한다"라는 뜻이다. 중앙역 인근 한 건물에는 "다시는 파시즘이 없기를(No! Nie wieder faschismus)!"이라는 낙서가 벽에 그려져 있었다.

길거리에서 과일을 파는 베트남계 독일인으로 추정되는 중년 부부, 중국인 대학생으로 추정되는 젊은이 몇을 제외하면 아시아계 사람은 거의 눈에 보이지 않았다. 그럼에도 난민 사냥 사태의 여파를 걱정하는 듯, 독일의 어느 도시보다 더 친근한 모습으로 필자들에게 인사를 건네는 이들이 많았다. 자신의 도시를 향한 세계의 시선에 켐니츠의 평범한 시민 역시 상처를 입은 듯했다.

켐니츠의 마르크스 두상 앞에서 집회 및 음악을 즐기는 모습.

작은 프라하 같은 드레스덴

드레스덴은 아주 아름다운 도시다. 필자들 중 이대희 기자는 체코를 방문해 보지 못했고, 이재호 기자는 프라하를 둘러본 경험이 있다. 이재호 기자에 따르면, 드레스덴은 '관광객이 적은 작은 프라하'다. 프라하를 경험한 이라면 이 말만으로 드레스덴을 상상할 수 있으리라. 밤길은 길거리 음악가의 곡으로 채워지고, 엘베 강이 도심을 흐르는 가운데 지금도 복원 중인 츠빙어 궁전을 비롯한 여러 대표 관광지가 시가지를 에워싼 특유의 분위기가 존재한다. '그야말로 유럽'이라는 표현이 딱 맞아 떨어진다고 할까. 관광객이 많고 유학생도 많은 도시이니만큼, 다른 유럽 도시에 비해 특별히 치안 문제를 더 걱정할 필요는 없다. 극우주의자 문제에 선입견을 굳이 가질 필요는 없다는 뜻이다. 유럽은 유레일패스를 이용해 쉽게 여행이 가능한데, 독일로 입국한다면 '함부르크 — 베를린 — 드레스덴 — 프라하'로 이어지는 일정을 짤 수 있다.

드레스덴에 오래 머무르지 못한 게 아쉬울 따름이다. 그 때문에 커트 보니것을 통해 알려진 제5도살장을 직접 방문하지 못했다. 도심에서 제법 떨어진 곳에 있었기에 다음 일정을 소화하자니 도저히 방문할 여유가 나오지 않았다. 다만 옛 모습을 되찾기 위한 이들의 복원 노력 덕분에 도심에만 머물렀어도 아쉬움이 크지 않았다.

과거 박근혜 전 대통령이 이 도시에서 '드레스덴 선언'을 했다. '한국 주도의 흡수 통일 방안'이라는 비판을 안팎에서 받은 연설이다. 드레스덴이 2차 세계 대전의 피해를 딛고 일어선 도시라는 점, 구 동독 도시로는 드물게 잘 성장한 곳이라는 점이 그가 이곳을 통일관 연설 장소로 설정한 배경의 하나가 되었겠지만, 흡수당한 동독인의 마음을 생각한다면 그 같은 선언 내용과 도시가 잘 맞지 않았다.

힐베르트 시장과 인터뷰를 통역해 준 박영철 씨는 부산 출신이다. 현지에서 목회자의 길을 걷는 사업가다. 그는 박 전 대통령의 드레스덴 선언 당시 한국 기업 담당자들의 통역을 주선했다. 자세한 이야기를 풀어놓기는 어렵지만, 당시 그는 드레스덴을 방문한 한국 방문단의 태도로부터 한국의 권위성과 후진성을 새삼 느꼈다며 아쉬움을 토로했다.

드레스덴의 모습.

3
장

◆

미
래

BERLINER MAUER 1961 - 1989

당연하다면 당연한 이야기지만, 필자들이 독일을 찾은 이유는 그곳에서
한반도를 보기 위해서다. 독일 재통일로부터 우리가 무엇을 배울 것인가.
서독 정치가의 그것이 아닌, 동독 사람들의 삶에서 남북한이 배워야
할 이야기를 찾고자 했다. 독일과 한반도를 잇는 이야기들은 앞선
인터뷰이들의 이야기에 부분적으로 새겨져 있다.
이제 독일에서의 경험을 바탕으로 한반도의 미래에 관해 이야기해 볼
때다. 남북한의 평화 공존을 위해 우리는 무엇을 해야 하는가.
어떤 점에 주의를 기울여야 하는가. 우리가 놓친 것은 무엇일까.

(인터뷰이)
- **뤼디거 프랑크**(Rüdiger Frank, 1969년생)
- **정범구**(1954년생)
- **김성경, 최중호**
- **북한 이탈 주민**(가명)

1

프랑크 교수와의 만남

통일 프로세스에 돌입하면, 시간이 없다

독일의 재통일 이야기는 필연적으로 남북통일에 관한 상상으로 이어진다. 문재인 정부 출범 초기만 해도 한반도 기류가 달라지리라는 기대감이 컸다. 평창 동계올림픽을 계기로 남북의 대결 구도가 갑자기 와해되고 평화 논의가 시작됐다. 도널드 트럼프 미국 대통령이 예상치 못한 행보를 보이면서 역사적인 북미 정상회담까지 성사됐다. 2차 북미 정상회담을 계기로 다시 한반도 정세가 안개 정국에 빠져들었으나, 남북미는 여전히 협상 기대감을 이어 가고 있다. 과거와는 분명히 다른 상황이다. 긴 안목으로 한반도 미래에 관한 논의를, 통일 이야기를 꾸준히 이어 가야 하는 이유다.

　남은 주제는 한반도 통일이다. 독일 통일 이야기로부터 우리가 배울 건 무엇인가를 정리했다. 이전에 소개한 이들과 달리, 남은 이야기의 주인공은 통일을 좀 더 전문적인 관점에서, 직접적인 경험으로 바라본 이들이다.

처음 소개할 이는 비엔나 대학 뤼디거 프랑크 교수다. 필자들은 독일 신연방주를 둘러보러 현지로 나가기 전인 2018년 7월, 서울대학교 국제대학원의 한 강의실에서 프랑크 교수를 만났다. 책 《북한여행》을 내기도 한 그는 라이프치히 출신의 동아시아 정치 연구자다. 학창 시절 북한 김일성대학교에서 유학 생활을 한 이력도 있다. 인터뷰 당시 그는 여름학기 강의를 위해 잠시 한국을 들른 참이었다.

프랑크 교수와 인터뷰 전, 필자들은 나름의 동독 공부를 마친 상태임을 자부했다. 그런데 인터뷰를 진행할수록 망상이었음을 깨닫게 됐다. 결정적인 대목이 통일과 관련한 이야기였다. "대부분 동독 사람은 통일이 아니라 평화로운 혁명을 원했다"는 이야기를 이해하지 못했다. 미리 찾아본 일부 논문에 그 같은 내용이 기록돼 있음을 확인했고, 질문 당시에는 귀와 머리로 이 말을 충분히 알아들었다. 그런데도 필자들은 자꾸만 비슷한 질문을 그에게 했음을 나중에 녹취록을 확인하고야 깨달았다.

필자들이 통일에 관한 이해도가 전혀 없었다는 건 독일을 방문하고야 알 수 있었다. 평범한 삶을 살아가는 사람들의 입에서 프랑크 교수와 같은 이야기를 반복해서 들었다. '동독은 통일을 원하지 않았다'는 건 단순히 몇몇 엘리트의 구호가 아니었다. 동독 민주화를 추구한 운동가의 전유물이 아니었고, 정치권력을 잡아 보려던 야심가의 뜻도 아니었다.

필자들이 프랑크 교수의 말을 이해하지 못한 근본 원인이 여기에 있다. 독일 재통일은 갑자기 일어나 버린 사건에 가까웠다. 분명 장벽이 무너진 후 동독 사람들은 길거리에서 "재통일" 구호를 외쳤으나, 그 달뜬 열기 아래에는 강력한 서독의 힘에 휩쓸리고 말리라는 두려움이 자리하고 있었다. 광장의 군중 심리와 당시 세계정세가 만나 우연히 폭발한 결과가 독일 재통일임을 새삼 확인하고야 필자들은 왜 많은 전문가와 인터뷰이가 "독일의 재통일 과정으로부터 한국이 배울 게 없다"고 말했는지 알 수 있었다. 당초 통일은 서독이 주도한 프로젝트였고, 이 계획이 우연한 사건들과 맞물려 실제로 일어난 이벤트였다. 통일 과정에 동독이 주도적으로 기여한 바가 없으니, 우리가 만난 이들이 독일 통일에 관해 할 이야기는 부족할 수밖에 없었다. 이는 통일을 염원하는 한국의 많은 위정자에게 중요한 시사점을 안긴다. 북한이 진정 통일을 원하는가. 통일을 회의하는 건 단순히 남한의 젊은이들뿐인가. 설사 한반도의 많은 이가 통일을 원한다손 치더라도, 열강들이 남북통일을 원하는가. 모두 장담하기 어려운 주제다.

이에 관해 프랑크 교수는 생각 외로 긍정적인 모습을 인터뷰 내내 보였다. 독일 재통일이 비록 많은 숙제를 남겼지만, 남북통일을 마냥 비관할 필요는 없다고 그는 강조했다. 설사 남북이 통일을 진심으로 원하지 않더라도, 통일을 향한 분위기가 조금씩 무르익고 있다고 그는 진단했다. 프랑크 교수가 당장 통일을 준비하라고 강조한 이유다. 남북통일은 독일의 재통일보다 오히려 부작용이 덜할 수 있다고도 그는 봤다. 그렇다면, 어떻게 해야 하느냐는 대답이 남는다. 남은 인터뷰들은 모두 '어떻게'에 관한 이야기다. 후술할 프랑크 교수와의 인터뷰는 통일 선배의 통일 프로세스 강의가 아니다. 반면교사에 가깝다.

통일은 순식간에 다가온다

필자들은 프랑크 교수에게 '한국의 통일 준비는 어떻게 해야 하느냐'를 물었다. "한국은 독일로부터 배울 것이 없다"고 프랑크 교수는 단언했다. 다만 그는 '단 하나'만 분명히 같으리라고 장담했다. "통일은 순식간에 일어난다"는 것이다.

독일 재통일 과정을 복기해 볼 필요가 있다. 1980년대 후반 들어 동구권이 무너지기 시작했다. 동독에서도 변화가 일어났다. 1989년 9월 25일 일어난 라이프치히의 대규모 민주화 시위를 시작으로 동독 전역에서 민주화와 여행 자유화를 요구하는 시위가 이어졌다. 시위 진압을 위해 동독 정부는 군을 동원하려 했으나, 이미 군 수뇌부마저 시위 진압에 회의적이었다. 시위 두 달여 후인 같은 해 11월 9일, 자유 여행을 허용한다는 SED 대변인 귄터 샤보프스키의 역사적인 기자회견이 열렸다. 베를린 장벽을 포함해 모든 출입소에서 자유 출국이 허용된다는 내용을 담은 기자회견문 발표에 이어 "시행령이 이 순간부로 발효된다"는 샤보프스키의 잘못된 답변(샤보프스키는 시행령 발효 시점을 몰랐기에, 기자의 질문에 얼떨결에 '바로 시행'된다고 답변해 버렸다)에 흥분한 동베를린 시민이 망치로 베를린 장벽을 무너뜨렸다. 기자회견 수 시간 후 동서독 경계선이 무너진 것이다.

장벽 붕괴 넉 달여 후인 1990년 3월, 동독의 처음이자 마지막 자유선거가 열렸다. 선거 결과 동서독 마르크화의 이른 통합이 결정되고, 동독이 법적으로 사라진 후 동독을 구성하던 5개 주는 신연방주로서 서독(독일연방공화국)에 개별 가입했다. 같은 해 9월 세계(미영프소)가 독일 통일을 승인한 후, 1990년 10월 3일, 재통일이 완료됐다.

　민주화 운동 시기를 독일 재통일의 출발점으로 볼 때, 사실상의 독일 통일인 구 동독 5개주의 서독 가입까지 걸린 시간이 여섯 달 정도에 불과하다. 이 짧은 시간 안에 숱한 인적 변화와 제도적 변화가 우리가 상상하기 힘든 속도로 일어났다. 프랑크 교수가 "통일이 순식간"이라고 강조한 이유다. 짧은 시간에 일어나는 변화는 엉성할 수밖에 없다. 잘 준비되지 않은 변화는 상처를 낳고, 이를 복구하는 데는 아주 긴 시간이 걸린다. 우리는 4대강 사업을 비롯한 여러 정책 실패가 얼마나 긴 시간 우리 삶에 큰 영향을 주는가를 익히 봐 왔다. 다음은 프랑크 교수의 이야기다.

"일단 통일 프로세스가 시작되면 '생각할 시간'이 없습니다. 지금 남북한 통일 가능성을 따지지 말고 한국은 최대한 자세히 통일 준비를 해 놓아야 합니다. 구체적으로 생각지도 못한 문제가 통일 이후 발생하기 때문입니다.

예를 들어, 통일 후 땅 소유권 문제가 생기게 마련입니다. 만일 평양 류경호텔 부지를 두고 '우리 조상의 땅'이라고 우기는 이가 나타날 경우 어떻게 대처할 것인가를 지금 '구체적'으로 마련해 둬야 합니다. 그래야 통일 후 북한 대표자들과 이 문제를 논의할 기준점이 생깁니다. 법적 공방이 일어난다면, 그 공방이 질질 이어지게 된다면 그 기간 해당 부지 투자는 중지됩니다. 그만큼 북한 지역 발전은 지체되고요. 이런 문제를 세밀히 준비해 둬야 하는 이유입니다.

북한 엘리트의 처우 문제를 어떻게 해결할 것인가, 독재에 가담한 이들을 모두 축출할 것인가, 그 많은 북한군을 어떻게 처리할 것인가, 통일 국가의 시스템을 어떻게 만들 것인가에 관해 남한 내 '합의된' 계획이 없습니다. 그래선 통일 프로세스가 진행될 때 훗날 큰 문제를 낳을 결과를 양산하게 될 겁니다. 남한은 이 같은 문제들에 대한 답을 미리 갖고 있어야 합니다.

남한 정부 관계자들에게 이 이야기를 한 적 있습니다. 그들의 반응은 한결같았어요. '알고는 있지만, 지금은 때가 아니'라는 것이죠. 독일의 재통일 경험으로 미뤄 볼 때, 지금 구체적 대응책을 마련하지 않는다면 그 시기가 닥쳤을 때 시간이 없습니다."

프랑크 교수가 전한 또 하나의 중요한 메시지는 민간 역할의 중요성이다. 통일에 대비한 정부의 역할은 민간 교류를 뒷받침하는 것이며, 민간이 남북 교류의 주도권을 잡는 게 중요하다고 그는 강조했다. 그는 특히 "정부가 무언가를 주도해야 한다는 건 매우 한국적 사고"라고 부연했다.

정부가 주도하는 통일 준비가 불완전함은 조금만 생각해 보면 당연하다. 한국 정치 지형 상, 정권 교체는 친 통일 정부 — 냉전 정부 사이에서만 일어난다. 정권이 바뀌면 앞선 정부의 대북 정책은 완전히 폐기되고, 기존과 백팔십도 다른 대북 전략이 새로 마련된다. 통일에 대비할 역할을 정부에 맡겨 본들, 지속가능성이 없다. 많은 사람의 압도적인 지지 아래에 아주 큰 틀의 통일 대비 정책이 수립되어야 최소한의 지속가능성을 담보할 수 있다. 이 틀을 짤 주체는 결국 민간이다. 정권 교체에 흔들리지 않기 때문이다. 민간의 역할이 정부의 그것보다 중요할 수밖에 없다.

문제는 다음이다. 한국이 과연 통일을 원하는가. 특히 한국의 젊은 세대는 통일에 부정적이다. 냉전적 사고에 기반한 보수 교회와 보수 언론, 보수 정권과 분단에 아무 책임이 없는 젊은 세대의 사고가 일치하는 지점이 이곳이다. 우리는 이미 평창 동계올림픽 당시 여자 아이스하키 단일팀 논란에서 그 단초를 엿본 바 있다. 2018년 1월 25일 민족화해협력범국민협의회(민화협)가 실시한 여론조사 결과를 보면, '통일을 하지 않거나 미루더라도 평화를 유지하는 게 더 좋다'는 응답자 비율이 88.2%에 달했다. 고백하자면, 필자들의 생각도 마찬가지다. '통일'을 정언 명령처럼 받아들인 기성세대가 발 디딘 과거와 지금의 시대 상황은 다르다. 이 상황에서 통일 준비가 얼마나 강한 국민적 합의를 이끌어 낼 지는 미지수다. 동서 독일과 달리 군사적 긴장 구도가 일상화된 한반도에서 민간 여론이 대북 적대감을 극복하기란 결코 쉽지 않기 때문이다.

이 같은 상황을 프랑크 교수도 잘 알고 있었다. 그럼에도 그는 남북 관계 개선 — 통일로 이어지는 미래를 결코 비관할 필요는 없다고 강조했다. 변화는 이미 시작됐고, 이 변화는 단순히 여론에만 100% 복종하는 움직임이 아니기 때문이며, 남북통일이 가져올 장점이 매우 크다는 이유다.

> "통일은 여론의 문제가 아닙니다. 1990년 당시 많은 독일 사람이 통일을 원하지 않았어요. 하지만 통일은 일어났죠. 최근의 사건(남북 관계개선, 북미 정상회담 등의 외교적 해빙 무드)은 남한 사람이 거의 20년 간 가져왔던 북한에 대한 생각을 바꿀 계기가 될 수 있습니다. 지금의 변화가 통제 불가능해져 향후 1990년 전후 동유럽에서 일어난 상황(민주화와 데탕트)으로 이어지거나, 1978년 이후의 중국(강력한 자본주의적 개혁)과 같은 변화가 북한에서 발생할 수도 있죠. 어떤 변화가 일어나든, 남북통일의 기회는 앞으로 더 커질 겁니다."

'진정한 통일'이 어려운 이유

남북통일에는 기대감과 불안감이 공존한다. 안정적으로 이뤄지는 통일 사회로의 이행이 분명 큰 혜택을 한반도에 가져오리라는 데 이견을 가진 이는 없을 것이다. 인위적 섬에 가둬졌던 남북의 사람들이 세계와 연결된다. 부산 ─ 평양 ─ 베이징 ─ 모스크바 ─ 파리를 잇는 기차가 한국에 들어오는 것만으로 우리가 생각지도 않은 큰 변화가 일어날 수 있다. 평화가 안착됨에 따라 그간 남북이 과도하게 지출한 국방비를 줄인다면, 이는 더 커진 복지 혜택으로 돌아올 수 있다. 북한 개발로 인해 건설업 경기가 크게 일어날 수 있다. 새로운 관광 자원이 개발돼 한국이 더 매력적인 관광 국가로 일어설 수도 있다.

문제는 이 같은 가정이 어디까지나 급박한 통일이 일어나지 않고, 북한에 통일 부작용이 없어야 한다는 전제에서만 성립 가능하다는 데 있다. 통일을 두려워하는 여론의 밑바닥을 파헤쳐 보면, 결국 이 같은 두려움이 누구에게나 존재할 것이다. 필자들은 재통일의 여파로 거대한 공동화 현상이 일어난 동독의 상황을 직접 지켜봤다. 재통일로 인해 평양, 신의주 등 일부를 제외한 북한 전역에서 고령화와 공동화가 촉진된다면? 통일에 실망한 이들 사이에서 극우주의가 기승을 부린다면? 북한이 '국내 식민지화'의 거대한 피해자로 전락했다는 실망감이 커져 남북 사람들의 갈등이 독일의 동서 갈등처럼 오래 이어진다면? 프랑크 교수는 북한이 동독과 같은 절차는 밟지 않으리라고 예측했다.

"북한은 이미 1990년대 초 고난의 행군기에 붕괴를 경험했습니다. 재통일 이후 붕괴를 경험한 동독과 사정이 다르죠. 더구나 독일 사례와 달리 통일 이후 북한에 투자할 의향을 가진 거대 자본이 있습니다. 왜냐하면, 북한은 세계 최대의 시장인 중국에 근접했기 때문입니다. 통일로 인한 변화의 속도를 잘 조절한다면, 부작용을 최소화할 수 있습니다. 구 동독의 경우 통일로 인한 변화가 매우 갑자기, 너무 빠르게 일어났다는 점이 문제였습니다. 재통일 후 불과 1~2년 사이에 구 동독의 실업률은 0%에서 20%까지 올라갔습니다."

프랑크 교수의 이야기에서 주목할 측면이 있다. 그는 독일의 '진정한 통일'이 어려운 이유의 하나로 "동서독을 잇는 공통의 이념이 없다"는 점을 꼽았다. 연방제 국가인 독일에서 '통일 독일인 정체성'을 만들 무엇인가가 없다는 얘기다.

> **"월드컵 축구 대회에서 독일 응원단이 독일 국기를 흔들며 응원하는 모습은 독일 언론에서 단골로 다루는 토론 주제입니다. 저래도 되느냐는 거죠. 만일 일상이 이어지는 길거리에서 독일 국기를 흔드는 사람이 보인다면 대부분 독일인은 '극우주의자 아니냐'고 생각할 겁니다. 독일에서 국가 정체성 이슈는 다루기 아주 어려운 문제예요."**

독일은 나치의 기억을 간직하고 있다. '국가' 개념 자체를 경원하는 분위기가 짙다. 독일 행정 체계는 연방제다. 베를린 정체성, 드레스덴 정체성이 국가보다 앞선다. 더구나 독일은 유럽연합의 거두다. 밀레니얼 세대는 유럽인 정체성 교육을 받는다. 국가주의에 익숙한 우리로서는 이해하기 힘든 부분이다.

반대로, 남북한의 경우 일단 통일이 된다면 사회 통합이 독일보다 쉬울 수 있다. 남북한 사람 모두 국가주의 정체성을 강하게 주입받고 성장했기 때문이다. 한·중·일을 이야기할 때 이들 나라 사람들의 강력한 국가주의는 글로벌 시대와 맞지 않는다는 비판이 이어지곤 한다. 그런데 적어도 통일 이슈에서는 이 점이 사회 통합에 일정 부분 기여할 수도 있다는 추론을 독일의 경우에서 할 수 있다.

물론 반대의 경우도 생각할 수 있다. 과연 통일기(한반도기)에 남한 정체성, 북한 정체성을 버리고 '제3의 정체성'을 만드는 게 가능하겠느냐는 의문이 그것이다. 한국의 통일 전문가들이 쉽게 이야기하지 않는 주제다. 대부분 한국 사람이 생각하는 통일 한국의 모습은 오롯이 남한 정체성이 유지된 통일 체제이기 때문이다. 역으로 보자면, 남북의 강력한 국가 정체성이 통일 사회를 합의하는 데 큰 걸림돌이 될 수도 있다. 프랑크 교수는 이 같은 걱정을 미리 사서 할 필요는 없겠으나, 통일 프로세스를 최대한 상상하는 건 중요하다고 강조했다.

> "한국 사람들은 흔히 통일을 이야기할 때 한반도 통일이 독일 재통일 과정(흡수 통일)과 흡사하리라 전제하는 듯합니다. 그건 오류입니다. 제가 보기에 이미 자본주의화하고 있는 북한이 나름의 경제적 성장을 이룬 후에야 통일 프로세스가 시작될 겁니다. 북한이 한국과 비슷한 발전 과정(개발 독재)을 거칠 가능성이 있습니다. 북한은 텅 빈 공간이 아닙니다. 이미 재벌이 생겨나고 있습니다. 예를 들어 '승리'라는 기업은 보통 군이 경영하는 회사입니다.
>
> 그렇다면, 북한이 일방적으로 한국에 흡수될 가능성은 별로 없습니다. 통일 프로세스가 시작된다고 해서 삼성과 같은 한국의 대기업이 쉽게 북한으로 들어가는 게 아니라는 얘기입니다. 이런 시나리오는 실현 가능합니다. 북한에는 값싼 노동력이 있고, 숙련된 노동자도 존재하며, 다음 세대를 위해 희생하겠다는 관념도 있습니다. 걱정만큼 통일 후유증은 크지 않을 수 있습니다. 통일을 긍정적으로 상상할 필요가 있습니다."

(통역: 이지인)

그는 왜 박근혜 '드레스덴 연설'을 비판했나?

뤼디거 프랑크 교수가 한국 언론에 등장한 중요한 계기는 박근혜 전 대통령 때 마련됐다. 프랑크 교수는 2014년 4월 3일(현지시간), 미국의 북한 전문 매체 <38노스> 기고를 통해 박 전 대통령이 독일 드레스덴에서 행한 통일 관련 연설, 일명 드레스덴 선언을 정면 비판한 바 있다.

2014년 3월 28일(현지 시간) 독일에서 공표된 드레스덴 연설, 곧 박근혜 전 대통령의 '한반도 평화통일구상 연설문'의 주요 내용은 다음과 같다.

통일을 위해 가장 먼저 북한을 향한 인도적 지원 사업(모자패키지 사업)을 강화하고, 남한이 북한의 인프라 건설에 투자하는 한편 북한은 남한의 북한 지하자원 개발권을 제공하고, 남북교류협력 사무소를 설치하고, 비무장지대(DMZ) 세계평화공원을 조성하자는 것이다. 이를 위해 박 전 대통령은 북한으로 하여금 (지금은 유명무실해진) 6자회담 조기 복귀를 종용했다. 아울러 핵을 조속히 포기하라고도 전했다.

메시지만으로는 딱히 흠잡을 일이 없어 보인다. 프랑크 교수 비판의 핵심은 이 연설 형식에 있었다.

프랑크 교수는 우선 연설 장소가 드레스덴이라는 점 자체를 비판했다. 드레스덴은 신연방주 도시에서 몇 안 되는, 재통일 후 경제적으로 성공한 도시다. 박 전 대통령이 연설 장소로 드레스덴을 선택한 건 독일식 흡수 통일을 상정한 것 아니냐는 게 프랑크 교수의 지적이었다. 1989년 헬무트 콜 전 서독 총리가 드레스덴에서 "마르크(당시 서독 화폐)를 원한다면 반드시 통일해야 한다"고 연설했는데, 이 연설이 동독 내부의 개혁 움직임을 무력화하고 통일 움직임을 키운 계기였다고 프랑크 교수는 지적했다. 즉, 박 전 대통령의 연설 또한 "북한이 자체 개혁을 시도한다면 통일 움직임은 끝이니, 우리가 주는 기회를 받아들여라"는 오만한 모습으로 해석됐다는 게 프랑크 교수의 지적이다.

박 전 대통령과 동석한 독일 인사들에도 문제점이 있었다고 프랑크 교수는 지적했다. 대표적으로 한스 모드로 전 동독 총리가 빠졌다고 프랑크 교수는 전했다. 한스 모드로는 1989년 동독 총리로, 동독의 개혁을 이끌 인물이라는 평가를 받았으나 급박한 동서 통일로 인해 제 역할을 하지 못했다. 즉, 동독 내부 개혁을 상징하는 인물이자 독일 재통일 과정의 어려움을 보여 준 상징적 존재가 모드로 전 총리인데, 그가 빠진 건 아쉽다는 게 프랑크 교수의 설명이다. 지나치게 서독 중심, 즉 흡수자 중심의 연설 배경이 그려진 것 아니냐는 논리다.

2
_____

정범구 대사와의 만남

독일서 바라보는
한국은
아시아의 등대
_____

필자들은 독일을 통해 남북한을 바라보고자 했다. 특히 남북 사람들의 공존을 그려 보고자 했다. 지금 우리에겐 기대감과 불안함이 공존한다. 재통일 후 평화와 번영을 쟁취한 독일의 사례에서 보듯 남북의 평화 공존은 분명한 기회다. 적대관계 해소에 따라 엷어진 긴장 수준은 생각보다 더 큰 변화를 낳을 수 있다. 이같은 기류 변화에 따른 결과로 통일이 자연스럽게 우리에게 다가온다면, 그 긍정적 에너지는 분명 유무형의 자산이 될 것이다.

　불안함은 남아 있다. 단순히 정권의 의지만으로 오랜 적대가 해소되지 않는다. 북미가 갈등하자 남북관계 개선 노력이 '올스톱' 했다. 트럼프 정부 들어 심화하는 미중 갈등, 남북의 화해에 지정학적으로 큰 타격을 받는 일본의 반발은 남북의 변화 의지보다 통일에 더 강력한 영향력을 행사한다. 우리가 감내해야 할 현실은 결코 만만치 않다.

　단적으로 말해, 미국이 남북관계 개선을 원하지 않는 한 남북 평화 공존은 불가능하다. 북미 갈등 문제가 해결돼야만 남북관계 개선이 이뤄질 수 있고, 그제야 남북 민간 교류가 일어날 수 있다. 문재인 정부 들어 잘 풀리는가 싶던 남북관계가 최근 공회전하는 상황의 배경이다. 지금 우리가 취할 수 있는 운신의 폭은 아주 좁다. 우리가 할 수 있는 건, 꾸준히 평화의 시대로 나가자고 북미를 설득하는 것뿐이다. 독일이 그랬다.

　필자들은 독일 현지 방문 중 정범구 주독 한국 대사를 만났다. 정 대사는 독일을 잘 아는 인물이다. 1954년생인 그는 1979년, 청년기에 서독에서 유학 생활을 했다. 문재인 정부 들어 주독 한국 대사로서 통일 독일을 찾았다. 독일의 분단과 재통일 체제를 모두 경험한 셈이다. '장벽 너머 사람들'을 가장 가까이에서 지켜본 이다. 그는 독일 재통일 과정에서 서독 정부의 노력, 동독 인민의 열망 못지않게 국제 상황의 변화 역시 중요하게 살펴봐야 한다고 강조했다.

"1989~1990년의 사태 전개 상황이 궁극적으로 통일을 바라보는 우리 입장에서 매우 중요해요. 베를린 장벽이 1989년에 무너졌지만, 당시 서독 정치인들은 독일이 통일되리라 생각하지 않았어요. 동서독은 여전히 미영불소 4개국 합의 하에 관리되던 나라였기 때문이죠. 즉, 이니셔티브는 저들 강대국에 있다고들 봤어요. 실제 영국의 대처는 강경하게 독일 재통일을 반대했죠.

이 상황에서 소련이 변화했습니다. 때맞춰 고르바초프가 개혁 개방으로 대표되는 변화를 이끌었죠. 기실 고르바초프가 아니었다면 동서독의 재통일은 어려웠을 거예요. 소련에서 계기를 찾은 서독 정치인들이 역할을 분담해 미국의 통일 협조까지 이끌어 내, 국제 여론을 독일 재통일 찬성 분위기로 바꿨어요. 우리에게 시사하는 바가 크죠."

지금 우리의 상황과 닮은 면이 적잖다. 실질적으로 한국은 미국의 지배력이 막강한 나라다. 북한은 중국과 러시아라는 느슨

2018년 4월 27일 남북 정상회담 당시 군사분계선을 넘는 남북 정상.

한 반미 연합에 기대고 있다. 미영불소가 관리하던 분단 당시 독일과 상황이 크게 다르지 않다. 주변 강대국의 입김이 화해에 강력한 영향을 미친다. 2차 북미 정상회담의 실패 이후 많은 나라가 각자의 이해관계를 갖고 외교 복마전을 벌이는 이유다.

이 상황에서 남한의 대북 관점 변화, 북한의 대남 태도 변화만큼 중요한 건 미국과 중국, 일본의 변화다. 남북이 인내력을 갖고 평화 공존을 위한 준비를 진행하는 한편, 강대국들이 평화를 결심케 하도록 꾸준히 설득해야 한다. 국제 여론까지 한반도 평화를 강력히 지지해야만 비로소 서로를 겨눈 총부리가 사라지고 남북을 잇는 철길이 연결될 수 있을 것이다.

아직 미국은 북한과 대화의 끈을 완전히 놓지 않았다. 트럼프 정부의 특수성(불확실성)에도 불구하고, 국내의 많은 남북 관계 전문가가 내심 트럼프 정부를 지지하는 이유다. 정권이 바뀐다면, 미국의 대북 전략 불확실성은 더 커진다. 한국의 경우, 적어도 문재인 정부 집권기에는 남한이 지속적으로 북한과 교류 의지를 이어감이 확실하다. 미중을 적극적으로 설득하는 작업 역시 문재인 정부는 국내 일부 여론의 반대에도 불구하고, 꾸준히 이어 가고 있다. 이른 시일 안에 3차 북미 정상회담과 같은 외교 이벤트가 성공적으로 진행된다면, 시대의 흐름이 바뀔 수 있다. 문제는 다음이다.

불투명한 북한의 평화 의지

기실 미국만큼 불확실한 건 북한의 평화 의지다. 남한은 지난 냉전 체제의 학습 경험으로 인해 북한을 믿지 못한다. 이에 관해, 정범구 대사는 흥미로운 이야기를 들려줬다.

"분명 동독도 경찰국가였죠. 하지만 동독은 사회주의 독재 이전 바이마르 공화국이라는 민주 공화국을 경험한 나라예요. 유럽 정신의 뿌리인 기독교 문화는 그 강성한 동독 정부도 통제하지 못했죠. 이런 기반이 있었기에 동독 체제 말 반독재 시민 투쟁이 일어날 수 있었어요. 내부의 변화 움직임이 자생적으로 일어날 기반이 있었다는 뜻입니다. 이 움직임이 동서 통일의 디딤돌이 됐어요.

북한은 달라요. 결국 북한이 변화하려면 최고 권력자의 결단에 의존할 수밖에 없어요. 즉, 김정은 국무위원장이 어떤 생각을 하느냐가 매우 중요합니다. 이와 관련해, 제가 독일 사람들에게 가장 많이 듣는 질문이 "김정은 위원장이 정말 비핵화 의지가 있느냐"는 겁니다. 저는 그렇게 본다고 대답해요. 이제 북한도 더는 사회주의적 구호, 선전만으로 체제 유지가 어려운 상황이기 때문이죠.

김 위원장이 젊다는 게 중요합니다. 그는 외국 유학 경험이 있습니다. 핵만으로는 체제를 유지하지 못함을 잘 압니다. 인민의 실질적인 생활수준 개선을 이뤄 내야만 체제가 안정될 수 있음을 알아요. 핵만 내주면 경제를 살려 체제를 안정시킬 수 있는데, 왜 안 하겠어요.

이런 관점으로 북한을 바라보니, 북한의 관료주의 체제가 강하다는 점도 눈에 들어오더군요. 관료 체제에서 최고지도자 혼자 혁신적 생각을 한다고 변화가 쉽게 일어납니까? 그렇지 않죠. 아무리 최고지도자라도 나라 구석구석이 어떻게 돌아가는지는 알 수 없어요. 즉, 북한이 실질적으로 변화하려면 중간 관료들이 제 역할을 해야 합니다. 이런 기득권층이 약 3만 명 정도 된다고 봐요.

그런데 이들의 기득권을 지켜 주면서 체제를 바꾸는 게 생각만큼 쉽지 않습니다. 당장 우리 사회에서도 촛불 이후 대통령이 바뀌었는데 왜 현실이 변하는 게 없느냐는 불만의 목소리가 크잖아요.

북한은 오죽하겠어요? 김 위원장이 변화의 말을 한마디 해도, 그 이행 과정을 누군가 확인하지 않는다면 변화가 작동하지 않을 거예요. 김 위원장이 현장 지도에서 화를 많이 낸다는데, 그래서가 아닐까 싶어요. 자신이 말할 때 눈앞의 간부들은 고개를 숙이지만, 정작 현장에 와 보면 제대로 변화한 게 없겠죠. 그런 한편으로 김 위원장은 기존 기득권, 즉 북미 대결 체제에서 성장한 기득권층을 안정적으로 끌고 가야 해요. 북한의 변화에는 대외적 문제는 물론, 이처럼 바깥의 우리는 알기 어려운 내부적 사정도 극복해야 한다는 숙제가 있어요. 북한을 바라볼 때 이 같은 점도 함께 고려해야 할 거예요."

북한의 내부 취약성, 곧 강고한 독재 체제를 역으로 보자면 오히려 남북 평화 공존이 더 쉬울 수 있다. 김정은 위원장 한 사람만 결심해도 대남 태도가 바뀔 수 있기 때문이다. 다만, 김 위원장의 결심이 실제 달라진 모습으로 구현되는 데는 시간이 걸릴 수밖에 없다. 북한은 강력한 관료제의 힘이 작동하는 사회이기 때문이다. 현재 북한이 보여 주는 불확실한 태도의 배경에는 이처럼 바깥의 우리는 이해하지 못할 그들만의 이유가 분명히 있을 것이다. 그럼에도, 정 대사는 근본적으로 평화 보장을 향한 김 위원장의 의지는 굳으리라고 추정했다. 정 대사는 현재 북한 내부에서 변화가 확실히 일어나고 있다고 장담한다. 이 변화의 결심이 흐려지지 않게끔, 우리는 꾸준히 북한의 변화 결심을 유지시킬 필요가 있다.

독일 통일에서 배울 점

정 대사는 필자들이 독일에서 만난 인터뷰이 중 남북통일에 관해 가장 긍정적 태도를 취한 한편, 매우 디테일한 부분을 중요하게 짚은 이다. '긍정적'이라는 뜻은 정 대사가 유일하게 "독일 재통일로부터 한국이 배울 부분이 있다"고 언급했기 때문이다.

"한국은 독일로부터 두 가지 중요한 점을 배울 수 있어요. 우선 빌리 브란트 정부의 대 동독 원칙입니다. 접근을 통한 변화, 즉 가까이 다가가서 변화를 이뤄 내겠다는 것이죠. 어떤 장애가 있더라도 끝없이 동독과 접촉해야만 한다는 게 그의 철학입니다. 빌리 브란트의 보좌역으로 전 서독 경제협력부 장관이자 '독일 재통일의 설계사'로 불린 에곤 바르의 말이에요.

이 기조를 서독 정부가 계속 유지했습니다. 서독 사람들은 동독의 친지를 언제든 만날 수 있도록 했고, 이를 위해 서독 정부가 동독으로 가는 시민을 금전적으로 지원했습니다. 함부르크와 베를린 간 고속도로도 서독 정부가 깔았어요. 당장은 돈이 나가는 것 같지만, 그만큼 동서독 접촉면이 넓어진다는 이유였죠. 이 같은 노력이 결코 헛되지 않았습니다.

다음으로 배울 건 통일에의 의지입니다. 지금도 독일에서는 재통일 기념일마다 통일은 아직 오지 않았다는 지적이 나옵니다. 이 같은 우려에 관해 브란트가 한 말이 있어요. '같은 뿌리에서 자란 나무는 결국 함께 성장하기 마련'이라는 얘기입니다. 남북의 격차는 동서독 격차보다 큽니다. 우리가 무리하게 통일을 서두를 필요는 없어요. 다만, 통일에의 전망과 비전은 꾸준히 갖고 가야 합니다. 이 두 가지가 우리가 동서독 통일로부터 받아들일 교훈이라고 봐요."

함부르크와 베를린 간 고속도로를 '서울 — 평양 철도'로, 서독 사람들의 동독 방문을 북한 여행으로 전환한다면, 독일의 저 노력은 결코 그들만의 특수한 상황이 아님을 알 수 있다. 아직 시도조차 해 보지 못한 일들이 우리에게 많이 남아 있다. 이들 노력은 (꼭 통일이 아니라) 남북 평화 공존을 위해서도 필요하다. 일단 민간 교류가 활성화되면 평화에의 열망은 더 커지기 마련이다.

정 대사가 언급한 '디테일한 문제'들도 있다. 첫 번째로 꼽을 이야기가 북한의 극우화 가능성이다. 독일 재통일 후 구 동독 지역은 극우화 몸살을 앓고 있다. 필자들은 현지에서 극우화의 원인, 현재 모습을 어느 정도 확인할 수 있었다.

제대로 된 준비 없는 남북통일이 현실화할 경우, 북한은 동독의 모습을 고스란히 빼다 박을 가능성이 있다. 지체되는 성장, 사회적 박탈감, 양극화, 부패 등은 극우화의 강력한 자양분이 된다. 이미 북한은 시장 경제를 받아들이며 이 같은 길로 들어가고 있다. 준비되지 않은 통일은 이를 더 가속화할 것이다. 정 대사는 이에 관해 경제적 문제보다 더 중요한 점이 있다고 지적했다.

"동독의 경우를 말하자면, 구 동독인의 민주주의 훈련 여부도 극우화에 중요한 변수가 된다고 봅니다. 아무래도 서독 출신에 비해 구 동독 기성세대는 민주주의 교육에서 취약한 면이 있었죠.
남북 관계에서 우리가 특별히 관심을 가져야 할 부분이에요. 아직 통일을 이야기하기엔 이르지만, 통일 국가는 민주주의 국가여야 할 겁니다. 그렇다면 북한 지역에 민주주의 교육을 체계적으로 할 필요가 있어요. 아무래도 체제의 특성상 북한 사람은 남한 사람보다 수직적 관계, 복종에 더 익숙하기 마련입니다. 만일 지금 이 상태에서 갑작스러운 통일이 온다면, 북한이 (동독처럼) 극우의 전진기지가 될 수 있어요."

우리는 이 같은 가능성을 이미 한국에 정착한 3만2,000여 명의 북한 이탈 주민을 통해 엿보고 있다. 이탈 주민 시민단체(대북 인권단체) 다수가 극 보수적 대북 관점, 곧 김정은 정권 붕괴를 최우선 사항으로 여긴다. 그들은 북한 인민 자유화의 전제조건으로 독재 정권 붕괴를 상정하기 때문이다. 남북 대결 구도 해소를 첫 조건으로 보는 민주당계 정부와 결이 다르다. 이명박, 박근혜 정권 시기 정부가 국정원 등을 통해 이들 단체에 돈을 지원, 대북 인권 단체가 사실상 정부 입장을 뒷받침하는 관변단체화했다는 의혹도 제기됐다. 데탕트를 위해 '우리 안의 분단'을 상징하는 북한 이탈 주민과 어떻게 공존해야 하느냐가 중요한 과제로 떠오르는 까닭이다. 이어지는 마지막 글에서 그들의 이야기를 다룬다.

재편되는 세계 질서가 통일에 미칠 영향

이 책에 소개된 주요 인터뷰, 상황 진단은 책이 출간되는 2019년 후반기와 조금 시간 격차가 있다. 그사이 특별한 일이 일어나진 않았으나, 손꼽을 만한 대형 외교 이슈도 있다. 대표적인 게 한일 갈등이다. 이명박 정부 시기 대통령의 독도 순방 이후로 본격화한 한일 갈등은 문재인 정부 들어 일본 전범 기업이 징용 피해자에게 배상해야 한다는 한국 대법원 판결이 내려지면서 거세졌다. 두 나라는 각각 백색국가 제외, 한일 군사정보포괄보호협정(지소미아) 종료라는 강수를 두면서 거세게 맞서고 있다.

일본의 강경한 태도 배경에 남북 화해 분위기, 나아가 국제 질서 변화가 자리한다는 평가가 나온다. 칼폴라니연구소 홍기빈 소장, 일본 관서외국어대 장부승 교수 등이 이 같은 평가를 하는 대표적 인물이다. 홍 소장과 지난 8월 14일 이 문제를 두고 인터뷰를 진행한 바 있는데, 당시 내용을 간략히 요약하면 다음과 같다.

과거 한미일 동맹은 2차 세계 대전 후 세계 질서인 냉전 체제 아래에서 중국, 소련(러시아)의 극동 진출을 막기 위해 만들어졌다. 미국이 큰형님으로 나서 한일 역사를 대충 봉합하고 두 나라 동맹을 이끌었다. 그런데 중국이 일대일로(一帶一路)로 나서면서 한반도 대신 중앙아시아 — 중동 — 유럽 — 아프리카 방향으로 진출하고 있다. 미국의 봉쇄 전략 축도 이에 따라 이들 지역으로 이동하고 있다. 한미일 동맹의 중요도가 상대적으로 약화할 수밖에 없다. 이 질서 변화의 틈에서 남북 화해 움직임이 이어지고, 일본은 이 움직임에서 완전히 소외됐다. 그 대안으로 일본은 새로운 미일 동맹을 맺으려 하고 있다. 일본의 위상을 종전보다, 즉 냉전 시기보다 더 키우는 방향으로 말이다. 미국이 중국의 서진을 봉쇄하려 하는 한, 이 같은 외교 전략의 변화가 냉전 체제를 대체할 새로운 질서가 될 수 있다. 이 질서에서 일본은 종전보다 더 중요한 미국의 동맹이 되겠지만, 한국은 아니다. 변화의 시간에서 터진 게 한일 갈등이다.

정리하자면, 북한이 핵을 쏘지 않는 이상 이제 미국에 북한보다 중요한 건 중국, 이란이다. 남북 화해 무드, 북미 화해 무드가 2018년 들어 착 가라앉고 공회전하는 까닭이다. 홍 소장은 이 같은 분위기는 미국의 '동북아에 관한 의도적 불안정화' 전략에 기인한다고 진단했다. 북한이, 혹은 남한이 큰 말썽을 일으키지 않는 한 당장 미국을 향한 안보위협이 줄어든 극동 지역 대신, 당장 심각한 중동 지역에 미국이 더 집중할 수밖에 없다는 뜻이다. 이 상황이 이어지는 한, 남북 평화 공존은 물 건너간다. 홍 소장은 한국 정부에 당장 행동에 나설 것을 촉구했다. 금강산 관광, 개성공단 사업 등을 당장 남한 정부 주도로 재개해야 할 때라는 뜻이다. 그래야 미국의 눈을 다시 한반도로 돌릴 수 있고, 그래야 남북 평화 공존, 나아가 남북통일의 새로운 돌파구를 마련할 수 있다는 소리다.

3
북한 이탈 주민 이야기

우리부터 바뀌어야
미래가 다가온다

독일 취재 당시 프라이당크 감독의 말이 깊이 인상에 남았다. 통계로 드러나는 현대 독일의 동서 차이는 이미 재통일 당시 존재한 양 진영 격차가 독일 사회에 구조적으로 안착함에 따른 결과라는 것, 그러므로 다음 세대, 그다음 세대가 들어서야 '한 나라'로서 차별이 사라진 모습이 서서히 통계로 그려질 수 있다는 것 말이다.

> "독일의 모든 중요한 자리, 즉 엘리트 계층에서 대체로 구 동독 출신은 극소수인 게 현실입니다. (…) 체제가 서독 위주였으니 구조적 출발선이 달라서 생긴 결과랄까요. 어떤 분야든 더 높은 위치로 가려면 넘어야 할 장벽이 있는데, 이때 중요한 학벌, 인맥 등에서 동독 출신은 부족할 수밖에 없죠."(프라이당크)

북한 이탈 주민의 현 주소는 구 동독인의 그것과 여러 면에서 겹친다. 이들은 이른바 '먼저 온 통일'이라는 도구적 의미로 국내에 받아들여진다. 한반도 분단 체제를 존재 자체로 보여 준다. 하지만 이 도구화, 곧 타자화를 넘어 한 사람으로 우리 사회에서 인식되지는 못한다. 독일 취재의 마지막 수순은 북한 이탈 주민 취재가 되어야 한다는 결론으로 이어진 까닭이다.

북한 이탈 주민은 북한 태생의 난민이며, 한국 헌법상 한국 국적자인 특수한 지위의 존재다. 1990년대 고난의 행군기 이전만 해도 한국 언론은 그들을 귀순자, 귀순 용사로 지칭했다. 체제 경쟁이 이어지던 당시 귀순자는 매우 희귀했다. 1953년부터 1999년까지 귀순자의 수는 940여 명에 불과했다. 이들 다수의 '귀순' 이유는 정치적이었다. 하지만 고난의 행군기 이후 체제 경쟁이 끝나면서 상황이 달라졌다. 매해 1,000여 명의 이탈 주민이 한국을 찾기 시작했다. 훗날 정권 차원에서 대대적 '귀순 작전'이 이어졌음이 드러난 이명박 정부 당시인 2009년에는 한 해 동안 2,914명이 국내로 들어오기도 했다.

이들을 지칭하는 용어도 바뀌었다. 북한 이탈 주민의 대규모 남한 정착기 초기에는 '새터민'이라는 단어가 사용됐다. 귀순자를 순화한 이 명칭은 곧 좋지 못한 표현으로 지적돼 '탈북자', '탈북민'으로 변화했다. 지금 정부와 다수 북한 연구자들은 '북한 이탈 주민'이라는 명칭을 주로 사용한다. 남북하나재단 조사에 따르면 2018년 현재 한국에는 3만2,476명의 이탈 주민이 거주한다. 분단기 독일의 시민 이동 규모에 비해 턱없이 적지만, 현재 한반도 분단 현실에서는 충분히 많은 숫자다.

고난의 행군기로 북한 체제가 마비된 후, 이들의 북한 이탈 주목적은 변화했다. 소수의 북한 내 엘리트 계층을 제외한 다수 인민에게 정치는 이제 의미가 없다. 생존이 중요했다. 거주이전의 자유가 없는 북한에서 장마당이 형성되고, 각 지역을 잇는 보따리상이 자생적으로 늘어났다. 다수가 여성이었다. 한 번 넘어선 경계의 의미는 퇴색한다. 이들은 곧 두만강을 넘어 중국으로 건너갔다. 역시 생존을 위해서였다. 중국으로부터 물품을 가져와 북한 장마당에 팔고, 북한의 자원을 중국에 몰래 파는 이들이 생겨났다. 생존을 위한, 더 잘살기 위한 불법적 몸부림이다. 당국에 몇 차례 잡힌 이, 중국 공안의 단속에 걸려 북송된 이들은 수용소로 보내졌다. 여러 차례 이런 '범죄'를 일으킨 이가 되면 더는 북한에 체류하기가 어려워진다. 중국은 북한 이탈 주민을 난민으로 보지 않기에, 중국 거주는 불가능하다. 이들은 신분을 보장받을 제3국을 찾아야 했다. 가장 많은 이가 한국행을 택했다. 북한 이탈 주민이 늘어난 배경이다. 오늘날 남한에 거주하는 북한 이탈 주민 중 여성 비중이 74.8%에 달하는 이유다. 대부분 이탈 주민이 두만강을 낀 함경도 출신인 이유이기도 하다. 하나재단 조사에 따르면 현재 한국에 거주하는 이탈 주민의 63.4%가 함경북도, 16.6%가 량강도, 8.9%가 함경남도 출신이다.

필자들이 만난 북한 이탈 주민 여럿의 이야기와 이들을 연구한 김성경 북한대학원대학교 교수, 다큐멘터리 <북도 남도 아닌>을 연출한 최중호 감독의 이야기를 빌려 북한 이탈 주민의 오늘을, 이를 통해 통일 독일의 동독 사람 이야기와의 접점을 정리해본다. 다음에 소개되는 이야기에 나오는 이들은 모두 가명이다. 인터뷰이 대부분이 자신의 신상 정보가 대중에 공개되는 것을 꺼렸다. 이들의 신분을 오롯이 숨기기 위해 후술할 내용의 일부는 두 사람 이상의 이야기를 한 사람의 이야기인양 섞었다는 사실도 밝힌다. 이탈 주민과 대비하기 위해 남한에서 태어난 한국인은 '원주민'으로 표기했다.

'자유의 땅'의 하층민

"1998년에 첫 탈북했고, 2002년에 한 번, 2003년에 또 한 번 두만강 건넜어요. 경제가 무너지니 방법이 없더라고요. 아버지가 제철소에 근무하셨는데 아마 1994년? 1995년? 이때쯤부터 배급이 안 나왔어요. 배급이 안 되니까 치안도 안 좋아졌는데, 그즈음 아버지가 길거리에서 강도를 당해 돌아가셨어요. 곧 어머니도 돌아가셨고요. 언니 반대를 무릅쓰고 중국에 돈 벌려고 갔죠. 그런데 인신매매에 속아서 시골 조선족 집에 시집갔다가 도망쳐서 한국에 왔어요. 요즘은 브로커 통해 가끔 북에 남은 언니랑 위성통화해요. 통화 한 번 하면 10~15분가량 하는데, 30만 원 정도 들어요. 안부 인사하기 바쁘죠."
[박선영(41, 함북 나진 출생), 2003년 탈북]

"먹고 살려고 장사했어요. 장사하는 대부분이 여자예요. 그런데 아무래도 북한은 아직 자본주의가 약하니까(자본주의 질서가 자리 잡지 못했으니까) 장사하면서 법을 어길 수밖에 없어요. 장사하다 보면 어느새 위험한 일에 발을 들여놓게 되죠. 저는 구리선 밀수하다가 두만강을 건넜어요. 북한에서 중국에 팔 게 자원인데, 전화선이 구리잖아요. 그런데 그거는 안보 시설이라서 잡히면 큰일 나요. 중국으로 도망갈 수밖에요.

처음에는 한국에 올 생각 없었어요. 그런데 제 신분이 불안하니까 중국에서 사람대접을 못 받았어요. 팔이 부러져서 병원엘 갔는데, 의사가 제가 북한 사람인 걸 알고는 마취도 안 하고 무성의하게 치료를 해서 상태가 더 나빠졌어요. 나라 없는 사람이 이렇게 서럽구나 싶은 일을 많이 겪다가 브로커를 통해 한국에 들어왔어요."
[이경순(39, 함북 청진 출생), 2010년 탈북]

"고난의 행군 때 폐렴에 걸렸는데 약을 못 썼어요. 피 토하고, 걷지도 못하고. 병원에 가도 약이 없어서 의사가 '장마당에서 중국 약 사 먹어라'고 하는 게 유일한 처방이었어요. 죽을 날 받아 놨다 싶어서 아이를 친정에 맡기고 역전에서 노숙했어요. 그러다 브로커 통해 중국에 팔려 가서 치료받았죠. 한국인 선교사 통해 입국했어요. 아무래도 초기에 입국한 편이라 요즘처럼 지원 제도가 정착되진 않았을 때여서 혼란이 많았죠."
[김경연(55, 황북 개성 출생), 1997년 탈북]

하나재단은 매해 북한 이탈 주민 실태조사를 실시한다. 해당 통계 조사를 통해 한국에서 이들의 현 위치를 어느 정도 짐작할

212

수 있다. 앞서 통계로 확인했듯 여성이 절대다수다. 연령별로 보면 30대와 40대 합계가 전체의 55.9%로 다수다. 북한 이탈 주민의 63.4%가 수도권에 거주하며, 이들 중 북한 이탈 당시 중졸 이하의 학력자가 73.1%다. 남북통합학력 기준으로는 중고등학교 졸업 이하 학력자가 67.6%다.

이 수치만으로도 고난의 행군이 이들에게 미친 영향을 짐작할 수 있다. 30~40대는 고난의 행군기에 영아~청소년기를 보냈다. 발육에 큰 장애가 있었다. 또래 원주민에 비해 체격이 작은 이가 많다. 사회가 붕괴했으니 학교에 제대로 다닐 리 만무했다. 상당수의 학력 수준이 낮은 이유다. 장마당의 주도권을 여성이 쥐게 되면서, 주로 여성이 이탈했다. 건강이 좋지 못한 저학력 40대 여성이 오늘날 남한에 거주하는 북한 이탈 주민의 대표적 얼굴이다. 이들이 재교육 없이 한국에서 선망받는 직장을 구하기란 불가능하다. 그 결과가 소득 지표로 드러난다.

2018년 현재 이탈 주민의 실업률은 6.9%다. 원주민 4.0%보다 높다. 이탈 주민의 평균 임금은 189만9,000원으로 원주민 255만8,000원에 비해 크게 낮다. 주목할 만한 건 평균 근속 기간이다. 이탈 주민의 평균 근속 기간은 26.9개월로 원주민 46.1개월에 비해 매우 짧다. 직업을 안정적으로 유지하지 못하고 있다는 의미다. '일하는 만큼 돈을 주지 않는' 질 나쁜 일에 종사해서일까. 꼭 그렇게 보기는 어렵다. 이탈 주민의 32.0%가 퇴직의 이유로 '심신 장애(건강 문제)'를 꼽았다. 북한대학원대학교 김성경 교수의 지적이다.

"북한 이탈 주민은 탈북 과정에서 심리적, 육체적으로 큰 트라우마를 경험합니다. 이를 미처 회복하지 못한 상황에서 낯선 환경에 떨어진 마당에, 당장 먹고사는 문제를 해결하기 위해 일자리도 구해야 합니다. 안정적으로 정착하기 매우 힘든 상황이죠.

한국의 노동 강도가 세계적으로 강한 수준이라는 점도 염두에 둬야 합니다. 많은 북한 이탈 주민이 '북한에서 이처럼 힘들게 일하지 않았다'고 이야기합니다. '자유의 땅에 와서 이 정도 일도 못하느냐'고 말하고 넘길 일이 아닙니다.

(북한 이탈 주민 다수인) 30~40대는 고난의 행군기에 성장기를 거쳤기 때문에, 같은 나이대의 남한 태생에 비해 체격이 작고, 체력도 약합니다. 남한의 고된 노동을 견디기 매우 어렵습니다."

실제 인터뷰에 응한 북한 이탈 주민 중 적잖은 이가 건강의 이유로 일을 쉬고 있거나, 검진을 정기적으로 받고 있었다. 과연 이를 '공교롭다'는 말로 넘길 수 있는 문제인지 의문이 드는 부분이다. 북한의 아비투스가 이들을 다방면에서 꽁꽁 옥죄는 굴레가 되기 때문이다.

"교회 목사님이 미용실 일하면 잘하겠다고 해서 처음에 미용자격증을 땄어요. 첫 직장이 미용실이었는데, 미용약품 냄새를 견디지 못해 쓰러졌어요. 의사 선생님이 그 일 하면 안 된다고 하시더라고요. 그 뒤로 쭉 청소노동자 일을 했죠. 지금은 잠시 쉬고 있어요. 〈교차

로)를 매일 들여다봐요. 불안하죠. 일이 없으니까."(김경연)

"지금은 일 쉽니다. 뭐 몸도 안 좋고……. 잠시 쉬는 거죠 뭐. 담배
한 대 태우시렵니까? 이참에 담배 하나 얻어 핍시다."
[박철현(53, 함북 회령 출생), 2008년 탈북]

일을 꾸준히 하기 어렵고, 전문 지식 수준이 낮다면 좋은 일자
리를 유지하기란 불가능하다. 힘들고 급여 수준이 박한 일자리도
유지하기 어렵다. 결국 소득 수준이 개선될 가능성이 줄어든다. 이
탈 주민 다수가 자연스럽게 남한 경제 계층의 최하위권에 머무르
게 된다. 만난 인터뷰이 중 경제적 '계급'을 끌어올린 사례는 두 가
지였다. 원주민 남성과 결혼하거나, 학력 수준을 높이거나.

"남편이 남한 태생이에요. 서울 토박이. 지금은 직장 때문에 충청
도로 이사를 했는데, 그래서 답답해요. 서울이 살기 좋잖아요. 연세
대 대학원에 다니고 있거든요. 학교 갈 때 새벽 4시에 일어나요. 그
나마 이제는 일주일에 한 번만 가면 되니까 낫죠. 그 전에는 학교 때
문에 일을 좀 쉬었어요. 지금은 아산의 작은 회사에서 경리 일 해요.
공부해서 이탈 청소년 돕는 일 하고 싶어요. 복지가 중요하더라고
요. 한국에서는 공부해야 돼요. 나이 서른 넘어서 대학 신입생이 됐
는데, 열 살 어린 동기들이 다행히 잘 도와줬어요. 누나, 언니 하면
서 도와줘서 겨우 졸업했죠."
[임수민(42, 량강도 혜산 출생), 탈북 연도 미상]

"보험설계사로 일해요. 처음에 한국 생활이 너무 힘들어서 살던 임대아파트에서 술 진탕 마시고 뛰어내릴까 했는데, 먼저 정착한 탈북자 선생 하나가 '보험 해서 탈북자들 돕는 사람이 돼라'고 하더라고요. 나중에 알고 보니 그 사람 순 사기꾼이었지만, 어쨌든 보험 하면서 여기 정착했어요. 그러다 (원주민) 남편도 만났고요. 사이버대학교에서 공부를 조금 더 하고 싶은데, 일하랴 애 키우랴, 시간이 좀처럼 나지 않아요."(이경순)

인터뷰한 북한 이탈 주민 중 원주민 남성과 결혼한 이탈 여성은 상대적으로 안정된 결혼 생활을 꾸리고 있었다. 이탈 남녀 부부는 달랐다. 한 이탈 여성은 이탈 남성과 결혼해 둘 사이에 아이도 얻었다. 하지만 곧 이혼했다. 남편은 화물차를 몰았고, 아내는 비정규 경리 업무를 했다. 남편이 술과 노름에 빠져 가정을 소홀히 했고 일을 제대로 하지 않았다. 오랜 갈등 끝에 이혼 후, 아이 엄마가 홀로 아이를 키운다. 남편은 현재 강릉에 거주하고 있고, 아내는 서울 동부에 산다. 남편은 가끔 서울로 와 아이와 만난다. 이 같은 가정상은 통계로도 드러난다.

하나재단 조사 결과를 보면, 북한 이탈 주민의 49.5%가 배우자와 함께 거주한다. 즉, 절반 이상(50.5%)은 독신이다. 배우자가 있는 경우 남녀 대비가 확실했다. 배우자가 있는 이탈 남성의 배우자가 이탈 여성인 경우가 85.9%로 절대적이었다. 반면, 이탈 여성은 배우자가 원주민인 경우가 43.9%로 가장 많았고 그 뒤가 이탈 남성(29.0%), 중국 남성(26.4%) 순이었다. 중국 남성 비율이 상대적으로 큰 이유는 이탈 여성이 탈북 과정에서 중국 남성과 결혼 후, 그 가족을 한국으로 불러왔기 때문이다. 대체로 부부 중 남성의 소득 수준이 여성보다 높은 경우가 한국에서 흔하다. 이 같은 형태가 북한 이탈 주민 사회에서도 고스란히 유지됐음을 알 수 있다. 결혼이 아니면 삶의 질을 급격히 끌어올릴 방도는, 학력을 높이는 길 외에 보이지 않았다. 물론 고학력자가 된다고 해서 취업이 보장되는 건 아니다.

한국의 이등 국민

북한 이탈 주민은 경제적으로 낮은 수준에 머무르는 데 이어, 문화적으로도 적응에 어려움을 겪고 있다. 이 대목에서 '문화'는 복합적이다. 기본적으로 남북한 문화 차이가 있는 한편, 북한 이탈 주민을 바라보는 남한 사회의 편견도 작용한다. 기실 김성경 교수는 이 점을 가장 큰 어려움으로 꼽는다.

> "북한 이탈 주민이 남한 적응에 어려움을 겪는 여러 이유가 있습니다만, 이들 이유를 하나로 묶자면 결국 '분단 문화'가 가장 큰 장애물이에요.
> 한국에서 소수자는 기본적으로 배제의 대상이 됩니다. 북한 이탈 주민은 소수자죠. 이런 어려움에 더해, 북한 이탈 주민은 분단 체제로 인해 태어난 존재라는 특수한 위치에 동시에 섭니다. 한국에서 북한 이탈 주민이 철저히 이념적 잣대로 소비되는 게 증거죠. 극우 집단에서는 물론, 진보 집단에서도 이들은 타자화되고 대상화됩니

217

다. 끊임없이 정치적으로 자신이 어느 편인가를 입증하기를 요구받습니다."

한국 사회가 북한 이탈 주민을 원주민과 같은 한국국적자로 대우하지 않고, 필요에 따라 소비하거나, 필요가 없으면 배제해 버린다는 이야기다. 지금 한국, 그러니까 북한과 체제 경쟁은 끝났고, 화해 무드에는 좀처럼 불붙지 않는 시기의 나라에서 북한 이탈 주민의 사회적 필요성은 극히 떨어진다. 도구적 가치가 다하면 그들은 그저 소수자로 전락할 따름이다. 이를 '북한 이탈 주민 타자화'로 부른다면, 왜 북한 이탈 주민 사회에 집단적 무기력감, 분노가 퍼졌는가를 짐작할 수 있다. 2015년 통일부와 하나재단의 발표 자료에 따르면 북한 이탈 주민의 20.9%가 자살을 생각했다. 자살 충동 비율이 6.8%인 원주민의 3배다. 남한 정착에 실패해 다시금 제3국으로 떠나는 이들이 꾸준히 나오는 이유이기도 하다. '탈남하는 탈북자'의 정확한 통계는 확인하기 어렵지만, 2013년 <중앙일보>는 제3국 망명 후 다시 한국에 돌아온 북한 이탈 주민의 말을 빌려 "탈북자 10명 중 최소한 1명 이상은 한국을 뒤로한 채 제3국행 비행기에 몸을 싣는다"고 보도했다.

"한국에는 '유리벽'이 있어요. 남한 사람(원주민)은 몰라요. 겉으로는 아무렇지 않죠. 하지만 도저히 넘을 수 없는 벽이 있어요.
나는 항상 감시받는 느낌을 받습니다. 형사들이 신변 보호를 위해 전화를 하는데, 이게 자꾸만 나를 감시하는 것처럼 느껴져요. 내가 간첩입니까. 사람들 시선도 다 느껴져요. 내 말투를 보고 이상하게 쳐다보고, '조선족이냐'고 묻고. 그러면 나는 '탈북자'라고 답하고. 도대체 '탈북자'의 뜻이 뭡니까. 나는 언제까지 '탈북자'여야 돼요? 나는 한국 사람인데. 한국에서 산 지 20년 지나면 뭐, 진짜 한국 사람 되는 겁니까? 그때도 나는 탈북자일 텐데? 이러니까 그 고생해서 한국까지 왔다가 한국을 못 견뎌서 다시 저 먼 유럽까지 가는 사람이 나오는 거예요."(박철현)

"처음 한국에 왔는데 은행을 갈 줄 모르니까, 돈 관리하는 게 너무 힘들었어요. 아무것도 모르는데 주변에 도움 준다고 오는 사람은 사기꾼이고. 하나원에서 이런저런 교육을 받았는데도 막상 임대아파트에 딱 들어서는 순간, 막막해요. 초반에 가장 힘들었던 건, 분명 한국말인데 한 마디도 못 알아먹는다는 거예요. 사용하는 단어(명사)가 다르니까요. 그래서 식당일 하다가도 금방 무시당하고. '남남북녀'라는데 당신은 왜 그렇게 못 생겼느냐, 이런 말을 농담이라고 막 하고. 그러면 기분이 참 안 좋아요."(이경순)

"가끔은 막 화가 나요. 여기는 전쟁터예요. 매일이 전쟁이야. 한국에 오자마자 사기당하고. 그 순박한 사람을 속여서(자기가 잘 살려고 하는 나쁜 사람들이에요)······. 제가 한국 법 잘 모른다고 사기를 많이 당했어요. 세상에 믿을 놈이 하나도 없어요. 제가 한국 와서 딱 배운 게 뭐냐면 '나만 잘살면 된다'는 거예요. 길 걸어 다녀 보세요. 구걸꾼한테 누가 눈길이라도 주나요. 나부터 일단 잘 살아야 돼요.

2013년에 유럽에 가서 여섯 달 정도 살았어요. 한국에서 뭘 해야 할지 몰라서. 적잖은 탈북자가 유럽에 있다는 얘기를 들었어요. 네덜란드 아인트호벤에 갔는데 정말 좋았어요. 유럽에 가 보니 길거리도 한국보다 더럽고, 지하철에 들어가니 지린내도 나는데 그래도 '아, 이게 선진국이구나' 싶었어요. 지나가는 사람들이 저한테 인사해 주고, 제가 표정이 안 좋으면 왜 그러느냐고 보살펴 주고. 한국에서는 외롭다, 못 살겠다 이런 생각을 많이 했어요. 유럽에 살까 싶었는데, 그래도 말이 통하는 이 나라에서 한 번 더 부딪쳐 보자 결심하고 한국에 왔어요."(박선영)

<북도 남도 아닌>을 촬영한 최중호 감독은 한국 생활을 포기하고 다시 제3국으로 떠난 북한 이탈 주민의 모습을 장편 다큐멘터리로 촬영했다. 최 감독은 작품에 싣지 않은 한 에피소드를 예로 들어, 이탈 주민의 한국 생활이 어려운 현실을 설명했다.

"이탈 청소년을 가르치는 대안학교 교장 선생님을 한 분 만나 뵈었어요. 이 분이 한 가지 에피소드를 이야기하시더라고요. 가르치던 학생 하나가 (한국 생활을 버리고) 영국으로 떠났어요. 그 학생을 영국에서 만났는데, 집을 방문했더니 북한 노래가 나오더라는 거예요. '이 노래 틀어도 되느냐'고 물으셨더니 학생이 답하더래요. '여긴 자유로워요.' 영국 길거리 한복판에서 북한 인공기를 흔들어도 문제가 되지 않는다는 거죠.

한국은 북한을 상대로 '자유의 땅'임을 선전하지만, 실질적으로는 아직 북한을 적으로 보는 경향, 분위기 같은 게 있죠. 이런 어떤 '공기'가 북한 이탈 주민을 옥죄는 무엇이 돼요."

독일의 실패를 거울로

기실 북한 이탈 주민이 한국에서 명시적 차별의 대상이 된다는 근거는 어디에도 없다. 이들의 경제 활동 참가율은 2017년 61.2%에서 2018년에는 64.8%로 올랐다. 임시직(비정규직) 비율은 같은 기간 11.9%에서 9.5%로, 일용직 비율은 16.5%에서 13.9%로 떨어진 반면 상용직 종사자 비율은 57.3%에서 63.5%로 올라갔다. 노동 환경이 개선되고 있다. 남한 생활에 만족한다는 응답자 비율도 2018년 현재 72.5%로 불만족한다는 비율 3.8%를 크게 웃돈다.

한국은 지구적 경기 침체의 직격탄을 맞는 나라다. 청년 실업은 심각한 사회 문제로 떠올랐다. 한국에서 약자가 성공하기란 영화 <기생충>의 기택네 가족의 그것처럼 꿈에 가깝다. 북한 이탈 주민뿐만 아니라, 한국의 모든 경제적, 사회적 약자의 신분 상승 사다리가 사라졌고, 더 깊은 지하로 떨어질 수 있다는 공포만 남은 게 문제의 핵심이다. 이 공포가 지배하는 사회에서 약자는 가장 손쉬운 먹잇감이 된다. 인터넷을 떠도는 배제의 언어폭력, 혐오 표현의 사냥감은 언제나 약자다. 이탈 주민은 엄연한 약자다. 결코 일상에서 쉽게 드러나지 않도록 자신을 꽁꽁 감춰야 한다.

"예멘 난민 혐오 사태에서 보듯, 소수자 혐오 현상은 지구적이고 한국적입니다. 신자유주의가 극단으로 치달은 사회에서 사람은 희생양을 원하기 마련이죠. 사회의 아래층에 놓인 사람은 자신보다 더 약한 희생양을 찾으려 합니다. 세계적으로 극우주의가 창궐하는 원인이기도 하죠.

이 점에 비춰 보면, 북한 이탈 주민이 한국의 새로운 혐오 대상이 될 가능성은 매우 크다고 봅니다. 약자인 북한 이탈 주민에게 정부가 어느 정도 제도적 지원을 계속하니까요. 특히나 밝은 미래가 사라져 가면서 젊은 세대는 기계적 공정함, 기계적 정의에 매우 강하게 반응하죠. 소수자를 같은 출발선에 놓고자 하는 지원도 정당하지 않다고 보는 경향이 강해지고 있습니다. 언젠가는 북한 이탈 주민 지원 자체를 문제시하는 목소리가 나올 수 있습니다. 이는 간단한 문제가 아닙니다."(김성경)

초반 적응의 어려움은 어떻게든 극복할 수 있다. 언어는 배우면 된다. 문화도 시행착오 끝에 몸으로 부딪쳐 익히면 된다. 아주 고되겠지만, 성공에 대한 의지만 있다면 학력 수준을 높이는 것도 가능하다. 북한 이탈 주민에게 초반 한국 정착기는 매우 힘든, 원주민으로서는 상상하기 힘든 고통의 순간이겠지만 그래도 견디면 더 나아지리라는 가능성이 어느 정도 보인다. 실제 10~20대 북한 이탈 주민은 겉으로 보기에 원주민과 구분되지 않는다. 먹는 문제가 해결된 상태에서 한국으로 들어오기 때문이다. 김정은 체제 들어 국경 단속이 강화된 것도 최근 남한에 들어오는 북한 이탈 주민 수 급감의 한 원인이겠으나, 좀 더 기본적으로는 적어도 먹는 문제가 해결된 북한 사정이 자리한다. 초반의 장벽만 넘는다면 '탈북자'의 아비투스를 지운 젊은 이탈 청년 세대는 원주민과 대등하게 경쟁할 토대를 갖게 된다. 프라이당크 감독의 말을 다시 빌리자면, 이제 '한 세대'가 지나 다음 세대에는 '탈북자 출신 국회의원'이 나오는 것도 이상하지 않은 미래를 꿈꿀 수 있게 됐다.

문제는 적응한 다음이다. 한국의 민낯을 드디어 몸으로 체화하게 되는 순간이 온다. 도저히 넘을 수 없는 장벽이 보인다. 이때 북한의 꼬리표가 작동한다. 드러내 놓고 말할 수는 없지만, 분명 당사자에게는 실존하는 '그 무엇'이 선명해진다. 북한이고, 탈북이고, 빨갱이라는 그 무엇이 피부로 와닿는다. 결코 떨어지지 않을 낙인이 이 때 선명히 당사자의 피부에 새겨진다.

이때 극우화하는 게 단순히 북한 이탈 주민을 혐오하는 젊은 세대뿐일까. 북한 이탈 주민 역시 새로운 희생양을 찾게 된다. 1층 아래에는 반지하가 있고, 반지하 가족은 지하에 '기생충'으로서 거주하는 다른 누군가를 찾듯, 북한 이탈 주민 역시 다른 희생자(성소수자, 난민 등)를 찾게 된다. 어쩌면 필자들이 독일에서 보아 온 바로 그 작동원리가 한국에서 점차 실체화하는 순간을 우리가 살고 있는지도 모른다.

독일에서 동독 출신의 꼬리표는 구연방 사람들에게 길게도 달라붙어 있었다. 비단 이 책에 소개된 이야기가 아니라도 독일 유학 이야기, 독일 거주 이야기를 연재한 인터넷 블로그를 검색해 보면 바로 알 수 있다. 당장 서독 출신 독일 젊은이들이 구 연방에 가지는 혐오 정서가 쉽게 확인된다. 우리가 만난 여러 인터뷰이가 엘리트 계층에 진입하지 못하는 동독 출신 가정의 이야기를, 독일 사회의 구조적 차별을 이야기했다. 이 구조에서 구 연방출신은 독일의 '이등 국민'으로 자리했다. 그들은 더 약자인 난민, 아시아인을 혐오하고 조롱하며 분노를 쏟아 낸다. 적어도 한국 내 이탈 주민의 생애사가 독일의 구 동독 출신의 그것과 매우 비슷한 과정을 밟고 있음을, 앞으로 밟을 가능성이 큼을 직감적으로 확인할 수 있다. 이 상황에 눈감고 통일을 얘기하는 게 얼마나 의미 있을까. 3만여 명도 품지 못하는 통일이 어떻게 2,000만 명을 품을 수 있겠는가. 북한 이탈 주민이 진정 '먼저 온 통일'이 되려면, 이들, 곧 약자를 배제하고 낙인찍는 남한의 어떤 질서를 해체할 수 있어야 한다.

북한 이탈 주민의 문제를 '특수한 사람들의 이야기'로 우리 삶과 떼 놓고 바라보면 해법이 나오지 않는 이유다. 그들의 이야기가 곧 우리의 이야기임을 깨닫는 게 매우 중요하다고 김성경 교수는 강조했다. '북한 이탈 주민 문제는 곧 한국의 민낯을 보여 준다'는 게 김 교수의 지적이었다.

"한국은 수챗구멍 같은 사회죠. 모두가 스카이(SKY) 대학교라는 단 하나의 기준점을 향해 질주합니다. 여기서 탈락하면 좋은 미래란 없다는 공포가 자리하고 있습니다. 그러니 한국 정부도 북한 이탈 주민을 지원할 때 그들의 학력을 높이는 방안을 집중적으로 고려합니다. 학벌이 좋지 않으면 한국에서 살기 힘들다는 걸 정부가 자인

하는 셈이죠. 그런데 실제로 그러합니까? 당장 적응부터 어려운 북한 이탈 주민이 학업을 이어 가기란 매우 어렵습니다. 대학을 나오더라도 문제는 해결되지 않죠. 이제 스카이 대학 출신도 직장을 못 구해 힘든 상황인데요.

북한 이탈 주민을 둘러싼 여러 담론에서 앞으로 가장 중요한 건 그들을 통일의 도구로 보는 시각, 일방적 시혜의 대상으로 보는 시각을 벗어나, 그들의 목소리를 담을 공간을 자유롭게 열어 주는 것이고, 원주민 인식 개선 방안을 마련하는 것입니다. 나아가, 약자라도 생존에 어려움이 없는 사회를 만들도록 모두가 함께 노력하는 게 중요합니다. 저학력, 저소득 북한 이탈 주민 삶의 질이 올라간다는 건, 결국 한국 저소득층 삶의 질이 오른다는 점을 우리가 깨달아야 합니다. 그들을 돕는 게 아니라, 우리 사회를 더 나은 사회로 만드는 길이 북한 이탈 주민 지원이라는 점을 우리가 알 필요가 있습니다. 북한 이탈 주민을 바라보는 한국 사회의 시선을 통해 우리는 우리 자신의 민낯을 보게 됩니다. 소수자를 바라보는 우리의 시선 말입니다."

북한 이탈 주민, 나아가 북한은 흔히 정치적 잣대로 양극단의 대접을 받는다. 한편에는 북한을 악마화하는 세력이 있다. 그들에게 북한 이탈 주민은 북한의 악마성을 극단적으로 드러내는 존재다. 다른 한편에는 북한과 적극적인 화해를 염원하는 세력이 있다. 그들에게 당장 김정은 정권을 큰 목소리로 비난하는 북한 이탈 주민은 논외의 대상이 되어야 한다. 그저 한국에 들어온 이들을 조용히 지원하는 데 그들은 집중한다. 한편에선 정치적 도구로만, 다른 한편에선 일방적 시혜의 대상으로만 북한 이탈 주민을 소모한다. 일방적 타자화가 진행되는 현실에 북한 이탈 주민의 목소리가 설 자리는 존재하지 않는다.

이는 동독을 흡수한 통일 독일이 동독을 소모한 바로 그 구도다. 한편에서는 일방적으로 동독의 악마성을 지금도 열심히 드러내려 한다. 지원이 사라진 뒤, '게으른 오씨'만이 남은 뒤 시민 사회에 남은 건 타자화된 구 동독의 이미지뿐이었다. 게으른 놈들, 불만만 많은 놈들, 세계화에 뒤처진 놈들, 극우주의 창궐의 원인이 된 놈들……. 한국은 어떻게 할 것인가. '아직도 통일을 완수하지 못한' 독일 사회가 낳은 부작용이 고스란히 예상되는 그 길을 택할 것인가, 우리 사회 전반의 질을 끌어올릴 기회로 보고 북한 이탈 주민을 동등한 구성원으로 받아들일 것인가. 북한 이탈 주민을 바라보는 우리의 시선을 점검할 때다.

"우리가 일상에서 이탈 주민과 함께할 수 있습니다. '나 북한에서 왔어'라고 할 때 '너와 나 사이에 그게 왜 중요한데?'라고 누구나 답할 사회가 되어야 합니다. 그게 곧 통합이니까요. 쉽지 않은 일이죠. 분단 문화가 여전히 강력하게 작동하기 때문입니다.

북한을 더 잘 이해하느냐 마느냐가 핵심이 아닙니다. 북한을 더 안다고 해서 그들을 타자화하는 우리의 시선이 쉽게 바뀌진 않을 테니까요. 그들을 단순히 시혜의 대상, 정치적 도구로 타자화하는 시선을 버리고, 온전한 독립적 개인으로서 바라볼 필요가 있습니다."(김성경)

───────────────────────────────── **뒷이야기**

힐끔힐끔

'북한 이탈 주민'이라는 단어 자체를 쓰지 말아야 하는 것 아니냐는 생각이 들곤 했다. 경상도가 고향인 서울 사람이 있듯, 함경북도가 고향인 서울 사람이 있을 뿐이므로.

여러 북한 이탈 주민을 만나면서 인터뷰어도 신경을 썼다. 잘못된 질문을 하지 않을까 걱정하는 건 물론, 장소와 시간 선택에도 걱정이 앞섰다. 그들을 향한 낙인을 짐작하고 있었기 때문이다.

한번은 강남구의 한 카페에서 북한 이탈 주민을 만났다. 강남구 일원동의 임대아파트에 거주하는 북한 이탈 주민 박철현 씨가 주인공(일원동 부근에는 강남의 화려한 이미지와 달리, 서민용 임대아파트촌이 있다). 카페를 가득 채운 화려한 젊은 남녀들과 박 씨는 옷차림에서부터 단연 대비됐다. 그의 말투가 다른 이의 주목을 더 끌었다. 몇몇 젊은이들이 이야기를 나누다 말고 우리 테이블을 힐끔힐끔 쳐다봤다. 괜스레 조마조마했다. 저 친구들이 박 씨를 나쁘게 생각하면 어쩌지 하는 마음이 앞섰다. 다행히 그는 당당했다. 자신의 생각을 큰 목소리로, 거침없이 전했다. 위축되는 모습이 없었다. "억울한 일을 많이 당했다"던 그는 이제 남한에서 편견과 맞서기로 정했다.

박 씨는 많은 북한 이탈 주민과 달리, 친 여당(더불어민주당) 성향이다. 촛불 집회에도 나가 봤다고 했다. 그는 많은 북한 이탈 주민이 극우 세력의 관변단체에서 일종의 허수아비가 되어 버렸다는 점을 안타까워했다. 북한 이탈 주민 모임에 나갈 때마다 정치 이야기로 싸워, 이제 동향 사람들은 만나지 않는다고도 했다.

지지하는 정당이 같지 않은 이상, 정치 이야기로 인해 얼굴을 붉히는 건 북한 이탈 주민도 마찬가지다. 오히려 원주민보다 이 문제에 그들은 더 민감할 수도 있다. 당장 '북한'이라는 주제는 그들 삶에 직접 와닿는 문제기 때문이다.

박선영 씨는 자유한국당을 지지한다. 서울 동부의 한 지역에 살고 있는데, 이 지역 구청 주도로 북한 이탈 주민 모임이 만들어졌다. 그곳에 나가서 한동안 친하게 지낸 언니를 만났다. 공교롭게 그 언니가 더불어민주당 지지자였다. 촛불 집회에도 나갔다. 박 씨는 결국 그 언니를 다시 보지 않게 됐다. 어떻게 박근혜 대통령님을 못된 사람들이 끌어내릴 수 있느냐고 그는 울분을 토했다. 더불어민주당 지지자들은 민주주의를 한다면서 북한에 '삐라'도 날리지 못하게 한다고 비판했다. 박 씨는 그러면서도 남한의 신자유주의적 모습에는 매우 비판적이었다. 오직 북한 관련 정책만으로 지지정당을 결정한 듯 보였다. 그에게는 생존의 문제였으니, 이는 당연하다고도 생각됐다. 북한 이탈 주민은 그 존재만으로 '상대적으로 편하게 살아온' 원주민에게 메시지를 던진다.